PEQUEÑOS MILAGROS

CHRISTOPHER DE VINCK

PEQUEÑOS MILAGROS

Traducción:
CRISTINA SARDOY

Editorial Atlantida
BUENOS AIRES · MEXICO · SANTIAGO DE CHILE

Adaptación de tapa: Silvina Rodríguez Pícaro

Título original: SIMPLE WONDERS.
Copyright © 1995 by Christopher de Vinck.
Copyright © Editorial Atlántida, 1997.
Derechos reservados. Primera edición publicada por
EDITORIAL ATLÁNTIDA S.A., Azopardo 579, Buenos Aires, Argentina.
Hecho depósito que marca la Ley 11.723.
Libro de edición argentina.
Impreso en España. Printed in Spain. Esta edición se terminó de imprimir en el
mes de noviembre de 1997 en los talleres gráficos Rivadeneyra S.A., Madrid,
España

I.S.B.N. 950-08-1861-2

A Fred Rogers
y su barrio

Índice

Agradecimientos

Me gustaría dar las gracias a John Sloan por su ayuda y su esmero en la realización de este libro. Si no fuera por él, *Pequeños milagros* nunca habría sido escrito. También desearía agradecer a Mary McCormick por su fantástico trabajo de edición, además de su apoyo y bondad constantes.

Detente y considera las maravillas
de Dios.
JOB 37:14

Introducción

Él explora las fuentes de los ríos y saca a luz tesoros escondidos.

JOB 28:11

Cuando estaba en el colegio secundario, mis profesores de inglés trataban de hacernos entender el significado y el valor de la poesía. Cualquiera fuese la poesía que se leía en clase, yo siempre hacía el mismo comentario: "Si Robert Frost quiere decir algo de los cercos, ¿por qué no viene y lo dice directamente en vez de hablar de los barrios y las buenas relaciones?"

Robert Frost, Carl Sandburg y Emily Dickinson decían cosas de maneras que parecían confusas y retorcidas. "¡Al grano!", me impacientaba yo en mi susurro adolescente.

Cuando era jovencito, la poesía era una colección de mensajes ocultos. Ahora que miro hacia atrás, gran parte de lo que significaba ser joven parecía depender del misterio y de la inevitable circunstancia de ser ignorante. Yo, sencillamente, no veía las cosas como las veían otros. Miraba un cuadro y veía un caballo con un individuo recostado contra una lanza. Escuchaba una pieza de música clásica y oía nada más que un puñado de bocinazos y violines.

La juventud patina sobre la superficie del hielo; pero después, cuando nos hacemos grandes, suena una campana, o alguien pronuncia una palabra, o se ilumina un color particular y poco a poco se produce la toma de conciencia de que hay algo más.

Me acuerdo de haber estado un invierno arrodillado sobre el hielo de la laguna que había del otro lado de los bosques de mi casa. Mi hermana iba mucho más adelante. Johnny, mi vecino y mejor amigo, corría detrás de Anne. Yo me incliné sobre el hielo y empecé a frotar mi guante sobre la superficie. Al principio vi un color anaranjado claro; después, un pez que me miraba a través del hielo.

—¡Eh, chicos! ¡Aquí hay un pez!

—¿Y qué esperabas ver? —rió Johnny—. ¿Un elefante?

Nunca había pensado en los peces en invierno. Allí, debajo de la superficie, había cosas que seguían nadando.

Cuando leí por primera vez *Viñas de ira*, la novela de John Steinbeck, vi y sentí cosas que nunca había visto ni sentido antes. Los seres que aparecían en ese libro sufrían mucho y yo sufrí con ellos. Nunca un libro me había inspirado semejante cosa.

Supe que quería ser escritor cuando leí los poemas de William Carlos Williams. Él escribió sobre hombres viejos, hombres jóvenes, mujeres viejas y jóvenes. Cantó a los árboles y al pasto, y a los niños con juguetes giratorios. Pudo escribir acerca de un funeral, una mujer dando a luz, un hombre que bailaba en su habitación, de una manera que me hizo comprender las cosas bajo la superficie del hielo. Williams me enseñó a escribir en el idioma de una persona común que dice cosas comunes. No obstante, la magia del escritor radica en su capacidad de identificar lo común en nombre de la belleza, o la pasión, o la soledad, o Dios.

Este libro es una serie de momentos comunes de una vida, escritos en nombre de la belleza, la pasión, la soledad y en nombre de Dios. Cada momento está presentado con algunos versículos de la Biblia.

La Biblia es una colección de palabras que dicen más que las palabras en sí. Gran parte de la Biblia se refiere a hechos comunes de la vida, pero en el relato de esos hechos se encuentra el susurro de Dios, la certeza de la salvación, la celebración de la luz y de Cristo, de modo que las palabras adquieren un significado distinto. Eso es lo que mis profesores de inglés trataban de decirme cuando leí poesía por primera vez.

En el Salmo está escrito: "Pueblo mío, escucha mi enseñanza, presta atención a las palabras de mi boca: voy a recitar un poema, a revelar enigmas del pasado, lo que hemos oído y aprendido, lo que nos contaron nuestros padres" (Salmo 78:1-3).

Este libro es una colección de parábolas, pequeñas historias que hablan de cosas que yo vi y sentí, pero al relatarlas traté de escribir con el corazón y revelar cosas ocultas que todos sentimos, innumerables cosas pequeñas y grandes manifestadas con una voz común, en el día común.

Espero que, al leer este libro, usted analice las historias y vea cómo le hablan a su corazón. Me gustaría que por un instante dejara de patinar y se arrodillara junto a mí. Aquí, así. Ahora, tome su guante y frótelo contra el hielo. Con cuidado, mire a través de él y observe atentamente. ¿Ve el pez? Debajo de la superficie hay peces nadando.

Dios está en lugares sorprendentes

Verdaderamente el Señor está en este lugar, y yo no lo sabía.
GÉNESIS 28:16

Hace muchos años, cuando estaba en el secundario, conocí a una anciana en un geriátrico. Se suponía que mi clase debía hacer un trabajo sobre alguien mayor de setenta años. Yo no conocía a nadie mayor de setenta excepto mis abuelos, pero vivían en Bélgica. Entonces, pensé: "Iré a visitar un geriátrico y pediré permiso para ver a alguien para mi tarea de inglés".

Cuando entré en el edificio de ladrillo, me dirigí al mostrador de informes. Una mujer muy amable, de anteojos, me envió a la oficina de la directora.

Le expliqué a la directora cuál era mi tarea y ella me mandó a la habitación número seis.

La habitación número seis tenía una cama, una sola silla, un escritorio y la foto de una rosa en la pared. En la silla estaba sentada la señora Murphy. Inclinada hacia adelante, tejía con diligencia. Las agujas se cruzaban y entrechocaban. Cuando di unos golpecitos en la puerta, la señora Murphy levantó los ojos de su tejido y miró por el rabillo del ojo.

—¿Sí? —preguntó.

—Estoy en el secundario. Tengo que escribir un trabajo sobre alguien mayor de setenta años.

—Sal de la luz del pasillo. Entra, entra. —La señora Murphy dejó de tejer y palmeó la cama a su lado. —Siéntate aquí.

Penetré lentamente en el cuarto que olía a caramelo de limón. Me senté en el rincón izquierdo de la cama.

La señora Murphy volvió a concentrarse en su tejido.

—¿Qué hace? —le pregunté.

—En mi canasta está Dios —respondió.

Pensando que sin duda no oiría bien, levanté el tono de mi voz.

—¿Qué tiene en la canasta, señora Murphy?

Dejó nuevamente de tejer, giró la cara hacia mí, sonrió y repitió:

—En mi canasta está Dios.

Miré en derredor y finalmente descubrí la canasta de su tejido al pie de la silla. Contenía varios ovillos de lana. Me agaché un poco para echar un vistazo y ver si podía distinguir a Dios.

—Oh, está ahí —sonrió la señora Murphy.

—¿Cómo lo sabe? —pregunté.

—Recé para que viniera y lo hizo. —Luego de lo cual la señora Murphy volvió a su canasta y no dijo una sola palabra más. Preguntara lo que preguntase, ella seguía hamacándose, sonriendo y hamacándose un poco más.

Finalmente me levanté, le di las gracias y volví a la luz brillante del pasillo. Justo antes de abandonar el edificio, la directora salió de otro cuarto. Me sonrió y me preguntó cómo habían salido las cosas.

—No muy bien —respondí con una pizca de desilusión en la voz. Después de todo, mi proyecto de trabajo había fracasado. —Cree que Dios está en la canasta del tejido.

—¿Cómo te llamas? —quiso saber la mujer.

—Christopher.

—Significa "Portador de Cristo", ¿no es verdad? —preguntó, más como una constatación que como un interrogante que quisiera confirmar—. ¿Qué te pareció la señora Murphy?

—Creo que está un poco loca.

—Lo estaba cuando llegó aquí —dijo la directora. —Al morir su marido, quedó sola. No tenían hijos. Ella no tenía familia. Ya cumplió noventa y tres años. Lo único que quería era morirse. Eso fue hace cinco años. En ese entonces decía que sólo quería estar en paz. Le sugerí que rezara pidiendo paz.

Y eso fue lo que hizo. A los pocos meses descubrió el tejido. Una mujer que venía aquí para una hora de recreo le enseñó a tejer. Seis meses después, había tejido medias para todos. En la feria de Navidad vendió medias, muñecas de lana, suéteres y mantas por más de mil dólares. Enseñó a tejer en una escuela local como voluntaria. Los chicos de la escuela la invitaban a comer por lo menos tres veces por semana. La señora Murphy era la persona más popular del barrio y de nuestro geriátrico. Realmente estaba feliz.

—Pero, ¿y ahora? —me interesé.

—Bueno, ya no se acuerda de mucho. Está vieja y enferma, olvidó el nombre de todos.

—Pero todavía puede tejer —argumenté.

—Sí, Christopher, todavía puede tejer y está en paz. Y algo más —sólo dice una frase.

—Que Dios está en su canasta.

—Sí, el Dios de la paz.

No escribí el trabajo para la escuela, pero dos semanas más tarde, al llegar a casa me encontré con una caja marrón esperándome. En su interior había un suéter de lana marrón muy lindo, justo para mi talle. También había una nota en un sobrecito blanco:

Querido Christopher:
   La señora Murphy nos pidió que te enviáramos este regalo. Pensó que te gustaría tener un poquito de Dios para darte calor.
   La señora Murphy murió hace tres días. Estaba muy feliz.
   Pasa a visitarnos nuevamente algún día.
   Cariños,
                              Hermana Claire Roberts.

¿Con cuánta frecuencia asume usted un rol activo para buscar la existencia de Dios? ¿Con cuánta frecuencia mira a su alrededor para encontrar pruebas de que Cristo vivió y murió por nuestra salvación? ¿Alguna vez duda de que Dios esté siempre a su lado? No tema. Él, nuestro Dios de paz y misericordia, tira de su manga con Su amor incondicional.

El toque de Dios

Padre, en tus manos encomiendo mi espíritu.
LUCAS 23:46

Durante mi visita al aula de un segundo año en el distrito escolar en el cual trabajo, pregunté a los chicos qué hacen cuando están tristes. Algunos dijeron que suben a su habitación para acostarse en la cama y pensar. Un chico manifestó que él leía. Una chica contó que, cuando estaba triste, le gustaba pintar. Luego, otro chico sentado a mi derecha en la ronda, dijo:

—Bueno, yo me hago el enfermo.

No entendí bien qué quería decir y le pedí que me lo explicara.

—Bueno, cuando estoy triste, necesito a alguien; entonces, si finjo estar enfermo, alguien viene a tocarme la frente. Me encanta cuando mi mamá me pone la mano en la frente.

Esta respuesta me hizo reflexionar. Un pastor amigo mío me contó que, cuando visita el hospital, parece que lo mejor que puede hacer es poner la mano en la frente de las personas.

—Casi siempre que lo hago, el paciente sonríe, por enfermo que esté.

Vivimos en una era en que las píldoras, los paños calientes y las máquinas de ejercicios aparentemente nos ayudan a estar mejor.

¿La mano de otra persona es la mano que cura? Cuando nacieron mis dos hijos varones y mi hija mujer, yo quería besarle las manos al médico, las primeras manos humanas que habían sostenido a mi hijos. El agricultor desliza sus manos sobre la tierra de primavera. Una mujer se peina el cabello con los dedos extendidos.

Con frecuencia, en los grandes iconos rusos, la imagen de Cristo tiene la mano derecha levantada impartiendo la bendición. Todo en el universo se halla frente a la mano alzada de Dios. Es posible que el sol cálido sobre nuestro cuerpo sea la mano de un dios sanador.

Cuando estoy triste, muchas veces voy a mi escritorio y empiezo a escribir. Las palabras parecen hablar; es como si formaran la imagen de una persona hablando. A menudo, es mi padre que me hace señas desde la distancia de mi propia madurez; con frecuencia es la imagen de mi madre. Recuerdo a mi madre sosteniendo una piedra en la palma de la mano. Le gustaba mostrar las cosas simples. "Mira esta bella piedra", dijo en una oportunidad. Lo bello era la mano de mi madre en el aire, extendida en dirección a mí.

Noches atrás, mi hija Karen tenía fiebre. Apoyé mi mano en su frente y sonrió.

—Tienes la mano fría. Por favor, déjala.

Dios nos toca con Sus manos para aliviar nuestro dolor. Podemos sentir el poder de ese apaciguamiento en el abrazo de un vecino, un médico o un ser querido. Podemos sentir cómo nos toca las mejillas cuando salimos de casa y respiramos el aire de la mañana. Qué difícil nos resulta a veces tocar con nuestras manos el rostro de Su gloria infinita.

Deleitarse en la creación de Dios

En el principio Dios creó el cielo y la tierra.
GÉNESIS 1:1

Somos seres humanos extraños. Damos demasiadas cosas por sentadas. Si nunca hubiéramos visto un árbol y de pronto diéramos vuelta la esquina y viéramos, por primera vez, un roble, pensaríamos que es la cosa más extraordinaria que existe.

Si nunca hubiéramos visto un avión de pasajeros y de repente pasara un Boeing 747 sobre nuestras cabezas, tal vez pensaríamos que pasó volando un dios del trueno.

Si nunca hubiéramos visto un pez, un gato, una frutilla, qué maravillosos nos parecerían. Por desgracia, cuanto más nos exponemos a algo, más y más distancia creamos entre la verdadera maravilla y la actitud rutinaria.

Las personas que crean un circo tratan de luchar contra esta falla nuestra. Disponen a los animales de tal manera que nos fuerzan a detenernos y mirar de cerca. Un elefante es bueno. Sólo un elefante, pero si diez elefantes empiezan a dar vueltas en círculo o se paran unos sobre los lomos de los otros, es algo extraordinario. Sin embargo, ¿se le ocurre pensar en una criatura más extraordinaria que un elefante? (Hasta la palabra es maravillosa: "elefante".)

Si una persona sale disparada de un cañón, miramos atentamente a un ser humano. El circo nos deslumbra con tigres que tocan al entrenador con sus garras, focas que suben escaleras, osos que bailan. ¿Qué queda si quitamos la música, y al maestro de ceremonias, y los payasos y los trajes?

¿Qué queda si lavamos la pintura del cuero del elefante?

...é, si quitamos el sombrero de la cabeza del oso? ¿Qué ...eda? Sólo un oso, sólo unos elefantes y hombres y mujeres parados sobre aserrín.

Si podemos enseñarnos a nosotros mismos a mirar de cerca las cosas que nos rodean, nos deslumbraremos. Un perro, un PERRO es una criatura extraordinaria. ¿Alguna vez apreció usted un tabique en la ventana? Qué fantástico invento. Creo que la bicicleta es una de las cosas más maravillosas que se han inventando: ¡todos esos engranajes y cadenas, el equilibrio, el metal! En una bicicleta podemos ir más rápido de lo que corre un atleta y visitar cualquier lugar de la ciudad sin nafta, sin dinero ni seguro o permiso para conducir.

¿Se acuerda del goce que sintió después de crear algo: un arreglo floral, una pintura, un jardín, un bebé, un informe, una canción? ¿Se imagina el goce que ha de haber sentido Dios después de crear el Sol, la Luna, la Tierra y todos sus tesoros? ¿Se imagina lo complacido que ha de haber estado después de crearnos a nosotros?

Dios, el artista. Dios, el artesano. Dios, el hacedor. Recorramos el día como si estuviéramos visitando una galería de arte y deleitémonos con todo lo que vemos acuñado en el oro del cielo.

Me da la impresión de que Dios tiene que haberse divertido mucho cuando creó las zanahorias.

La bondad de Dios

Pero cuando se manifestó la bondad de Dios nuestro Salvador y Su amor a los hombres, no por las obras de justicia que habíamos realizado sino solamente por Su misericordia, Él nos salvó.

TITO 3:428:16

Josh era el viejito de al lado. Criaba sus propios pollos, vendía huevos, cultivaba su huerta y vendía verduras. Cuando era chico, yo le tenía miedo a Josh. Siempre caminaba encorvado. No sabía decir muchas palabras en inglés. Una vez vi cómo le cortaba la cabeza a uno de sus pollos. Josh no tenía demasiados dientes.

Una mañana de septiembre, mi madre me pidió que corriera a lo de Josh a comprar tomates. Mamá quería darle un poco más de sabor a su guiso. Nunca antes había ido solo hasta lo de Josh. Cuando me pedían que fuera a comprar algo a lo de Josh, siempre lo hacía acompañado por mi hermano o mi hermana mayores.

Obediente como era, hice lo que mi madre me había pedido. Mamá me dio un dólar para pagar los tomates. Después de quedarme un rato parado frente a la casa de Josh, tiré de la cuerda de la campana que colgaba en la puerta.

—¿Sí? —preguntó mientras abría la puerta y me miraba.

—Mamá quiere dos tomates. —Yo quería salir corriendo.

—Atrás. —Josh cerró la puerta, y para cuando llegué al fondo de su casa, él ya estaba parado junto a su puesto de verduras. Observé cómo extendía sus dos manazas, levantaba dos tomates y los metía en una bolsa marrón. Se inclinó y me entregó la bolsa:

—Gratis.

Lo miré y me sonrió, revelando sus pocos dientes y su buen corazón.

En estos treinta años no he olvidado a Josh. Un pequeño gesto de bondad perdura.

A veces pensamos que Dios es una fuerza aterradora que ve todo lo que hacemos con un aire ceñudo en Su mirada. Como un chico que enfrenta al verdulero anciano y fuerte, a veces podemos sentirnos intimidados por la verdad y el misterio del amor que Dios nos tiene, pero luego Su infinita bondad se revela en las palabras de un sacerdote, en el abrazo de un familiar, en la comprensión silenciosa de que nuestro sufrimiento ya no existe.

Ocupamos muchas posiciones de poder: en nuestra casa, en el trabajo, en nuestras relaciones con extraños. Ese poder, ejercido con bondad, puede valernos no sólo un gran respeto, también puede permitir que los demás vean nuestra sonrisa, un rasgo humano recibido de Dios que a veces olvidamos exhibir. Tal vez usted pueda brindar un gesto bondadoso a la primera persona que vea hoy.

Dar gracias a Dios en el cuarto de baño

Lleguemos hasta Él dándole gracias, aclamemos con música al Señor.

SALMOS 95:2

Hoy limpio el cuarto de baño. Cada vez que retomo esta tarea, pienso en lo estable que es mi vida. Limpiar el baño requiere un sentido de paz, un lugar de paz y un tiempo de paz. Todos los días veo la historia del mundo en el diario: otra batalla, otra muerte causada por negligencia o por maldad. Soy un oyente atento cuando un vecino me explica el nuevo aumento impositivo o cuando mi hermana recuerda aquel día en que los dos comimos pimientos frescos a la orilla de una granja lejana que al final parece que no existió nunca.

Cuando giro la canilla de la bañera abre hacia la izquierda, sobre mis manos cae agua clara y fresca. En algunas partes del mundo, el agua es casi tan valiosa como el oro. En algunas casas del mundo, el agua determina si los hijos vivirán un mes más.

Nosotros, que somos civilizados, comemos en platos de porcelana y nos bañamos en bañeras de porcelana. Vi un programa de televisión donde mostraban a niños que se bañaban en agua de alcantarillas y despejaban con las manos el polvo del camino en busca de granos sueltos de arroz para masticar y arrojar a sus hinchados estómagos.

Me gusta lavar el piso del baño. El jabón hace espuma, me quito los zapatos y las medias y me deslizo como si estuviera patinando aunque no le cuento a nadie esta costumbre. ¿Se acuerda del hombre de la antigüedad que fue hallado en la tundra helada? Tenía una mueca de dolor dibujada en la cara.

Hombre sepultado en el hielo. Hombre patinando en el campo helado de un baño suburbano.

El inodoro es fácil de limpiar porque hay un chorro constante de agua fresca para hacer correr el jabón. Los reyes del siglo XIV no tenían inodoros.

Las cerámicas del baño son lo más fácil de limpiar. Las rocío con un chorrito de agua, les paso un trapo rápido y las cerámicas brillan. Cada vez que voy al centro, alguien trata de lavarme el parabrisas con agua y un escurridor.

A veces, cuando lavo la pileta, la gata salta y mete la mano en el agua. A veces se cae adentro, forcejea para salir, salta al piso y sale corriendo, dejando una estela de agua y marcas de patas en mi piso recién limpiado.

Cada vez que lavo el cuarto de baño, me detengo un instante para mirar el cielo sobre mi cabeza. No puedo ver mucho salvo el cielo y la rama de un roble. A veces, pasa un pájaro volando. En invierno, el cielo está cubierto de nieve, pero, con todo, miro hacia arriba y admiro la parte de abajo del manto invernal esparcido sobre la casa. Dios, ten piedad.

Lo último que limpio cuando lavo el baño es el espejo. Enjuago la superficie del espejo con una esponja húmeda, después, con movimientos amplios, seco el espejo con una toalla de papel sólo para descubrir mi imagen que me mira.

¿Quién está en el espejo? Mis hijos me llaman papá. Mi mujer me llama Chris. Yo me considero un escritor, un hombre lleno de alegrías y pesares, un hombre en el centro del baño oliendo el jabón, sintiendo la luz del sol en su cabeza, un hombre en el centro de un mundo civilizado que se atreve a sentirse inteligente, satisfecho, confiado en su habilidad; y sin embargo, soy un hombre lleno de debilidades que se da cuenta de lo agradecido que debería estar por la paz y el privilegio de limpiar el baño.

Me resulta fácil olvidar la fuente de toda mi felicidad. Me resulta fácil olvidar quién me dio la capacidad de levantar mi mano y lavar las paredes del cuarto de baño.

Me gusta mirar un mapa y ver dónde nacen los grandes ríos del mundo, pues todos empiezan con un pequeño torrente de agua en la cima de una montaña que lentamente baja a unirse con otra agua y finalmente se convierte en el río Mississippi. Qué fácil es olvidar que Dios es la fuente, que Dios es el agua que nos mantiene a todos juntos para poder formar el río de la vida en esta tierra.

Es fácil pasar por alto Su participación en nuestro trabajo cotidiano. Con mucha frecuencia creemos que el centro de lo que hacemos es la labor. Yo creo que esa labor debería impulsar nuestro trabajo y creo que toda buena labor es realizada en el nombre de Dios. Incluso limpiar el cuarto de baño.

Cada una de nuestras rutinas puede ser un acto de gratitud a nuestro Señor Jesucristo, que sufrió y murió por nosotros para que pudiéramos conocer la verdadera forma de vivir nuestro mundo de cada día.

Miedos ocultos

Cuando mi hijo Michael tenía cuatro años, una tarde volvió de la casa de un amigo después de haber jugado en una pequeña pileta durante algunas horas. Al entrar, lo primero que dijo fue una nueva palabra, una palabra que en casa no era aceptada.

—¿Dónde aprendiste a decir eso? —le pregunté.

Michael me miró.

—Si vuelves a decir esa palabra, te lavaré la boca con jabón —dije, no con mi mejor criterio.

Michael me miró y dijo, simplemente: —Está bien.

Me sentí satisfecho de haber logrado mi cometido y de que todo el asunto quedara olvidado, o al menos eso pensé.

Una semana más tarde, estaba en el comedor ayudando a mi hijo mayor con un rompecabezas. Me volví al oír a Michael, parado en la puerta, con sus enormes ojos llenos de lágrimas. Me levanté de la mesa y caminé hasta donde estaba.

—Michael, ¿qué pasa? ¿Está todo bien?

—Papá, yo no quiero morir —dijo Michael con un tono que nunca le había oído, una voz llena de profunda tristeza.

—Pero Michael, ¿qué quieres decir? —le pregunté, mientras lo abrazaba.

—Me dijiste que ibas a ponerme jabón en la boca. —Se interrumpió y rompió a llorar. —Y si lo haces, el jabón me lastimará y me matará.

Durante una semana entera, mi hijito había tenido esa espantosa idea en la mente y finalmente dejaba brotar su miedo y su aflicción.

Quedé muy impresionado por la resuelta voluntad de este niño de oponerse a un poder tan aterrador como la muerte con jabón.

¿Alguna vez ha llevado un miedo oculto durante un tiempo? ¿Permitió que el miedo se fortaleciera durante un largo período? ¿Sus miedos ocultos lo han silenciado, lo han apartado de la paz interior?

Tal vez pueda aprender de la experiencia de un niño de cuatro años: comunique sus miedos a alguien en quien confíe.

Dios nos da el poder de consolar a nuestros amigos. Ellos nos esperan con los brazos abiertos.

¿Hay tortugas en el cielo?

La fe es la garantía de los bienes que se esperan, la plena
certeza de las realidades que no se ven.

HEBREOS 11:1

 ¿Recuerda usted algún momento de su infancia en el que haya dudado de la existencia del cielo?

Me acuerdo de una vez, cuando era chico, en que iba caminando por los pantanos que había detrás de casa, por la orilla de un canal profundo y estrecho. De pronto, el agua quieta empezó a ondularse; pequeñas olas chocaban contra el borde. Me agaché y miré. Vi pasar el perfil pálido de una tortuga mordedora que enseguida se sumergió en las aguas oscuras y desapareció. "¿Adónde irán las tortugas?", me pregunté.

—¿En el cielo hay tortugas? —abordé a mi madre ese mismo día.

—Por supuesto que sí. Montones.

Los años pasaban y yo seguía haciendo preguntas sobre las características del cielo.

—¿Puedo llevar allí a mi gato Moses?

—Sí.

—¿Te reconoceré, mamá?

—Sí.

—¿Podemos tener moras en el cielo? Me encantan las moras.

—Sí.

A los veintitantos, me preguntaba: "Con todo lo que sabemos de ciencia, ¿el cielo no estará simplemente más allá del universo expansible?".

Y ahora que tengo más de cuarenta, he estado haciéndome una pregunta más directa: "¿Hay un cielo?". Cada vez más me hago esta pregunta porque no quiero dejar a mi mujer y mis hijos cuando algún día me muera. No quiero que se queden solos. Quiero estar siempre con ellos.

De modo que esto es lo que he llegado a creer: el cielo es un lugar para los gatos, las tortugas, y para mi madre y mi padre, y para mi mujer y mis hijos, y para todos.

Mi vida está ligada a la aceptación de que algunas preguntas sólo pueden contestarse con una palabra: fe.

Cristo nos prometió el paraíso mientras moría en la cruz. Yo creo en esa promesa. Creo en la vida eterna. Creo en Dios Padre Todopoderoso, creador del cielo y de la tierra, de todo lo visible y lo invisible. Creo. Creo.

¿Usted cree?

Atravesando las nubes

El sol sale y se pone, y se dirige afanosamente hacia el lugar de donde saldrá otra vez.

ECLESIASTÉS 1:5

En el vuelo de regreso a casa, después de una charla que di hace poco en Toronto, recordé una verdad simple.

Llegué al aeropuerto un poco temprano, por lo que me senté a leer el diario donde todo era tristeza y abatimiento. Afuera, el cielo gris empezaba a ponerse más oscuro. Se formaban nubes de tormenta.

Cuando nos permitieron instalarnos en el avión y despegamos rumbo al sur, me sentí un poco solo, tironeado entre dejar a mis nuevos amigos y no estar todavía en casa con mi mujer y mis hijos.

Algo ocurrió. Mientras el avión de Air Canada subía y subía, miré por la ventanilla la niebla de color gris oscuro que envolvía a todo el país; de pronto, el avión atravesó las nubes y empezamos a volar bajo un cielo azul y límpido, con el sol brillante poniéndose al oeste.

Podemos preguntarnos el porqué de los días lluviosos y sombríos, pero olvidamos que hace falta la lluvia para que el suelo se mantenga rico y produzca nuestros alimentos. Dios construyó esta casa, este universo, para nosotros.

Por sombrío que parezca el día, por más que la niebla, la lluvia o la nieve nos hagan sentir deprimidos, recordemos que Dios está siempre allí, detrás del telón, lustrando el sol cobrizo.

Hoy, observe alguno de sus problemas y trate de ver claramente a través de la niebla esa solución brillante color de bronce.

Un cielo seguro

Al entrar en una casa, decid antes: "¡Que descienda la paz sobre esta casa!"

LUCAS 10:5

Estaba sentado en el sofá, leyendo un libro maravilloso, Iron and Silk, de Mark Saltzman. La obra trata de los dos años que pasó Saltzman como profesor de inglés en China. Es un autor con una mirada clara para describir y un corazón fuerte lleno de humor y sabiduría.

Iba por la parte en que unos chinitos se asustaban con el cuento de fantasmas que Mark les relataba, cuando sentí una presión en las piernas y luego el peso completo de alguien que trepaba por mi pecho.

Michael, mi hijo menor, había entrado en casa después de dar un paseo en bicicleta. Sin una palabra, simplemente se subió a mi falda y se arrellanó en una posición cómoda.

Me encanta que nuestros hijos se sientan lo bastante cómodos con mi mujer y yo como para desplomarse sobre nosotros siempre que sienten la necesidad de hacerlo.

Hace falta un poco más de fuerza torácica cuando David, nuestro hijo mayor, necesita una almohada padre o madre.

Todos necesitamos un refugio seguro, de confianza y amor, para volver a él al cabo de un día difícil en el trabajo o después de un paseo por los alrededores.

Antes de que lo prendieran y crucificaran, Cristo fue hasta el Monte de los Olivos. En Su miedo por los hechos que se avecinaban, le pidió a Su Padre, Dios Todopoderoso: "Padre, si quieres, aleja de mí este cáliz" (Lucas 22:42). Jesús también necesitaba un refugio seguro. ¿Adónde podía ir en busca de protección? No era un lugar físico. No era el Monte de los Olivos. En su necesidad de seguridad, Jesús volvió a Dios, Su Padre, y luego oró.

Nuestro verdadero cielo está en nuestras oraciones a Dios. Pedimos guía, ayuda y consuelo al Señor. Él está para hacer esas cosas. Nos lo prometió.

Todos los días se nos recuerda que Dios nos brinda Su protección del mismo modo que envió Su confianza y Su amor a Su Hijo, Jesucristo.

La buena nueva

*Tu palabra, Señor, permanece para siempre, está firme en
el cielo. Tu verdad perdura a través de las generaciones.*
SALMO 119: 89-90

Cuando mi hermana María era chiquita, yo le contaba las historias de "la hormiga Anthony", fábulas
que inventaba sobre la hormiga más pequeña del mundo,
capaz de realizar hazañas extraordinarias.

Uno de esos cuentos relataba que Anthony llevaba un te-
rrón de azúcar entero sobre su lomo en medio de una terrible
tormenta de lluvia que, por supuesto, hacía que el azúcar se
derritiera.

Otra historia explicaba el combate de Anthony contra
una chinche con una aguja de coser. Le conté a María que
Anthony se balanceaba entre telarañas a fin de rescatar a su
madre de la araña, y que Anthony era la única criatura del
mundo que podía caber en el pequeño agujero que conducía
a la cueva del gigante. (El gigante había encerrado al sol en un
cofre de madera; Anthony había podido abrir el cofre y volver
a poner el sol en el cielo con la ayuda de algunas mariposas.)

En este momento, María espera su primer hijo. Con Peter,
su marido, todavía no han elegido ningún nombre. No querían
enterarse por un test si su bebé sería varón o mujer.

Lo único que sé sobre este hijo o hija es que: (1) tiene
mucha suerte de tener a María y Peter como padres, y (2) no
veo la hora de poder susurrar al oído de mi sobrina o sobrino:
"Había una vez una hormiga que se llamaba Anthony. Era la
hormiga más pequeña del mundo."

Jesús era un narrador de historias. Explicaba cómo te-
níamos que vivir a través del uso de parábolas. Sus palabras

de esperanza y salvación nos han llegado por medio de la Biblia una generación tras otra.

Qué fácil es ver el gozo en la cara de un niño cuando le contamos su cuento de hadas favorito. ¿Puede imaginarse el gozo del corazón de Dios cada vez que usted lee Sus historias en la Biblia?

Año tras año, siglo tras siglo, recibimos la bendición con la Buena Nueva.

La oveja a la derecha del pastor

Estaba de paso y me alojaron.
MATEO 25:35

En nuestra ajetreada y ocupada vida nos concentramos claramente en nuestras responsabilidades. Volamos de un horario al siguiente para cumplir con nuestras tareas. No nos gusta que nos molesten. No nos gusta que nos hagan perder tiempo. Pero da la impresión de que Jesús trata de desviar nuestra atención. Parece pedirnos que interrumpamos nuestro importante trabajo y hagamos parte del Suyo cuando menos lo esperamos.

Iba yo por la ruta interestatal 80 una mañana temprano, tratando de esquivar los embotellamientos para llegar al trabajo lo antes posible y terminar un proyecto. El velocímetro marcaba cien kilómetros por hora. Tenía el tanque lleno. El auto era flamante, brillaba y olía a nuevo, se deslizaba suavemente con su poderoso motor.

De golpe, al costado de la ruta, vi a lo lejos un montón de gente. Cuanto más me acercaba, más me daba cuenta de que tenían problemas con el auto.

Pasé a su lado, decidido a esquivar el tránsito y terminar mi tarea en el trabajo pero vi por el espejo retrovisor cómo la gente que agitaba sus manos iba haciéndose cada vez más pequeña. Disminuí la velocidad, me puse a un costado de la ruta y retrocedí hasta donde estaban todas esas personas varadas.

Resultó ser una familia: una mujer con una pañoleta oscura, cuatro chicos sentados en el guardabarros batiendo palmas al compás de una canción, y el padre parado delante del capot abierto de su auto de quince años, que obviamente no funcionaba.

—¿Entiende de autos? —me preguntó el hombre, con acento extranjero.

La mujer sonrió. Le faltaban muchos dientes. Uno de los chicos, el mayor, se adelantó y dijo tímidamente:

—Vamos a visitar a mi tío. El auto se nos paró. Se casa hoy a la mañana.

¿Casarse? ¿Un día de semana? ¿De mañana? No lo creí. Pero miré el viejo motor. No sé absolutamente nada de autos.

—¿Puede arreglarlo? —me preguntó el padre—. Mi hermano se casa hoy.

Miré hacia un lado y otro de la ruta vacía con la esperanza de ver un auto de policía, un camión, alguien que pudiera ayudar. Luego miré a la familia.

—¿Dónde es la boda?

—Dieciséis kilómetros subiendo la montaña —dijo la mujer con otra sonrisa.

Esa mañana llegué al trabajo cuatro horas más tarde.

—¿Qué te pasó? —preguntó mi supervisor.

—Bueno, fui a un casamiento.

Tres semanas más tarde, recibí por correo una postal de las Bahamas, del novio. Decía, en parte, "Le doy las gracias por mi hermano. Su auto funciona otra vez. Mi mujer le pondrá *Christopher* a nuestro primer hijo. Adiós".

Ningún trabajo es más valioso que ayudar a una persona necesitada pues esa persona siempre es Cristo y Él siempre nos recompensa por nuestra generosidad.

Lo que Dios quiere que hagamos

Que se haga Tu voluntad.
MATEO 6:10

Cuando estaba en el secundario, una tarde me encontraba en Canadá con un amigo que dirigía una biblioteca móvil para los pobres de las zonas rurales en el este de Ontario. Subí al camión con el joven voluntario.

Nunca olvidaré lo que fue manejar en medio de una fuerte lluvia. Anduvimos durante veinte minutos hasta que llegamos a una granja ubicada en un valle desierto. Mi amigo cambiaba de marchas mientras el camión avanzaba lentamente por el camino largo y fangoso hacia una pequeña casa aislada.

Cuando bajábamos por la colina, vi a mi izquierda un hombre y dos chicos agachados cuidando las plantaciones. No sabía qué hacían bajo la lluvia.

Mi amigo tocó la bocina del camión y los chicos salieron corriendo en dirección a la casa. El hombre se incorporó, apoyó las manos en sus caderas, se enjugó la frente, volvió a su posición agazapada y siguió trabajando en el campo.

Una mujer nos saludó en la puerta y nos invitó a entrar.

Nunca había visto un piso de tierra. Los dos chicos, un varón y una niña, ambos menores de doce años, tenían libros en la mano.

—Ya los terminamos —anunció la niña.

—Yo quiero otro sobre halcones —pidió el varón.

Miré a esos chicos y pensé en las alfombras de la casa de mis padres, en los libros que mi tía enviaba de Bélgica que nunca me había tomado la molestia de leer.

Me convertí en escritor en parte debido a esos dos chicos

que sostenían sus libros con las manos sucias de tierra, porque fue entonces cuando vi el poder de la palabra escrita.

Parecería que Dios nos da pistas todos los días sobre lo que le gustaría que hiciéramos. Si usted mira atentamente a su alrededor o escucha lo que un amigo dice, apuesto a que reconocerá una pista potencial sobre lo que Dios desearía que hiciera. Tal vez sea un gesto tan simple como levantar el cubo de basura del vecino o visitar a una tía anciana que sólo dice por teléfono: "Oh, estoy bien, creo. Hace mucho frío afuera". Quizá lo que esté diciendo sea en realidad: "Me encantaría tener un poquito de compañía hoy".

Escuche atentamente. Observe. Dios está marcando el rumbo.

Los secretos de Dios

A vosotros se los ha confiado el misterio del Reino de Dios;
para los de afuera, en cambio, todo es parábola.

MARCOS 4:11

Una mañana temprano, después de luchar para levantarme, ducharme, vestirme y caminar hasta el jugo de naranja y los cereales, miré por la ventana de la cocina y vi el amanecer, el rocío, la casa de un vecino, los arbustos de forsitia, un petirrojo sobre el pasto. Si hubiera estado más despierto, me habría dado cuenta inmediatamente de que los petirrojos no tienen plumas; sin embargo, al principio estaba convencido de que ese petirrojo en particular exhibía un fino plumaje pardo.

Qué extraño es ver algo fuera de lo común en los lugares más inverosímiles. (Hace poco leí el caso de unos estudiantes universitarios que desmantelaron un coche de policía en un campo y volvieron a armarlo sobre el techo de uno de los edificios académicos.)

Bueno, mi conciencia plena empezó a difundirse por mi cuerpo mientras me daba cuenta de que, por supuesto, los petirrojos no tienen plumas sino alas… pechos colorados… patas… ojos. Entonces comprendí que el petirrojo tenía un bocado de pasto seco.

"Está construyendo un nido", pensé.

Hace mucho tiempo aprendí que si espero el tiempo suficiente, finalmente lo que miro me lleva a una conclusión, o a un destino, o a casa. Los científicos, los pilotos y las personas solas saben esta verdad.

Por lo tanto, observé cómo el petirrojo picoteaba un poco el pasto seco, recogía unas ramitas más, miraba a la izquierda, luego a la derecha. (No miró hacia la cocina.) Después tomó impulso, abrió sus alas en el aire y desapareció instáneamente en el arbusto de forsitia, noventa centímetros más arriba de donde estaba originalmente.

Por la tarde, al cabo de un arduo día de trabajo, estacioné el auto en la vereda, subí la escalera de ladrillos hasta la cocina. Los chicos me saludaron en la puerta.

—Tengo un secreto —anuncié.

—¿Vamos a ir a la costa? —preguntó Karen. Ella casi siempre relaciona los secretos con un viaje sorpresa.

—¿Vamos a comer pizza? —preguntó Michael.

Mi hijo adolescente se limitó a alzar la vista pensando: "Otro de los grandes secretos de papá".

—Síganme —susurré mientras salía de la cocina y volvía a la vereda—. Por acá. No se lo cuenten a nadie.

Nos reunimos frente a la forsitia, y señalé el nido hundido en medio del arbusto.

—Hay un nido —anuncié.

David alzó los ojos. Karen se decepcionó de que no fuéramos a la costa, pero se interesó por el nido. Michael preguntó:

—¿Hay huevos?

Yo no sabía, de modo que levanté a Michael, que estiraba el cuello para que apartara algunas ramas verdes.

—No. No hay huevos.

Esta noticia convenció a Karen de que la costa era definitivamente el mejor secreto. David ya había vuelto a la casa.

A la mañana siguiente, después de un esfuerzo desesperado por salir de la cama, después de mi ducha, después de vestirme y de tomar el desayuno, fui tambaleándome semidormido hasta la puerta de atrás y empecé a caminar hacia el auto. Justo antes de subirme, se me ocurrió algo. Volví a la vereda, caminé por el césped y me paré frente a la forsitia. Estiré la mano, eché hacia atrás algunas ramas, me puse en puntas de pie y espié. Un huevo azul.

Esa noche, a la vuelta del trabajo, entré en la cocina con el diario bajo el brazo y los chicos gritaron:

—¡Llegó papá!

Mientras me agachaba entre mis tres hijos, susurré:

—Tengo un secreto.

Debemos estar abiertos a las cosas ocultas que se nos ponen ante nosotros. Necesitamos prestar mucha atención a los regalos que aparecen por debajo de simples disfraces.

En este nuevo día, recuerde que usted es un hijo de Dios, de pie ante Su atenta mirada. Creo que Él espera que usted descubra Sus secretos como los chicos descubren cosas nuevas cada día. Esté abierto a los regalos de Dios. Es necesario desenvolverlos, descubrirlos y apreciarlos.

Piense lo extraño que es cuando Cristo dice que los primeros serán los últimos. Esto guarda un secreto. Piense en la parábola de las buenas semillas que crecen en un suelo bueno. Esto guarda un secreto. Yo creo que el secreto es el divino don de Dios. Él está en todas partes, oculto en el brote de una flor en primavera y revelado con esplendor en la sonrisa de nuestro prójimo.

Hieren como espadas

*Su boca es más blanda que la manteca, pero su corazón
desea la guerra; sus palabras son más suaves que el aceite,
pero hieren como espadas.*

SALMO 55:21

Me encontraba en la cola del mercado esperando
para pagar mi pan y mi litro de leche. En el pasillo
siguiente había otra larga cola de gente esperando para pagar
sus compras. Mis ojos iban de la caja al puesto de las revistas,
de ahí a los avisos que se veían en las grandes vidrieras del
negocio.

De pronto, observé que una mujer, de unos cincuenta
años, empujaba su carrito hasta la caja adyacente y empezaba
a colocar sus artículos sobre la cinta negra rodante.

Si uno observa atentamente lo que pasa a su alrededor,
nunca sabe qué puede aprender.

Mientras la cajera golpeaba las teclas color crema de su
máquina, sumando el precio de los distintos artículos, la
clienta puso un cupón sobre una lata de café. Los alimentos
seguían su camino por la cinta transportadora.

La mujer empezó a mirar para todos lados. Dejó de sacar
artículos del carrito y esperó. Sentí curiosidad por saber qué
estaba, o parecía estar, esperando.

La cajera estiró la mano y tomó el cupón y el café.

—Este cupón está vencido —dijo, con tono duro y triunfal.

—¡Oh! ¿De veras? —replicó la clienta, exhibiendo un
aire de inocencia y un desagradable tono de indignación que
revelaban que desde el primer momento sabía que el cupón
estaba vencido.

Realmente no entiendo por qué las personas son tan

crueles entre ellas. No entiendo por qué siempre tratan de sacar, sacar y sacar.

¿Cómo pretendemos que las naciones de nuestro mundo unan sus manos para celebrar cuando dos mujeres en la cola para pagar en la tienda de la esquina luchan con expresión llena de desprecio por el derecho a quince centavos?

Jesús es nuestro Padre. Cuando le preguntaron qué debemos hacer en el mundo, contó que debemos amarnos los unos a los otros. Todos los días tenemos una oportunidad personal de ser como Jesús y cerrar la brecha entre nosotros y aquellos que aparentemente nos desagradan.

Tal vez haya alguien que a usted le disguste pero al cual deba ver todos los días. ¿Qué pasaría si le enviara a esa persona una tarjetita con un saludo? ¿Qué pasaría si invitara a esa persona a tomar un café? ¿Qué pasaría si le comprara una flor? Dios sonreiría. Eso es lo que pasaría.

Hoy usted puede contribuir a que haya verdadera paz del mundo y buena voluntad para todos los seres humanos.

Dar con alegría

Dios ama al que da con alegría.
2 CORINTIOS 9:7

Nuestra gata se sienta en la galería y duerme. Cuando oye el crujido de las hojas o el canto de un pájaro, levanta rápido la cabeza, verifica si es aconsejable seguir el sonido, luego se despereza un poco, se acurruca y retorna a su sueño.

Nosotros, los seres humanos, también nos incorporamos y tomamos nota en ciertas oportunidades. Por ejemplo, me quedé levantado hasta después de medianoche escribiendo y leyendo pruebas. El tiempo avanzó sin que yo me diera cuenta. Cuando miré el reloj, parecía que se reía por haberme hecho una broma adelantando las agujas por los números sin que yo lo notara.

Esa noche dormí mal, me desperté temprano, fui a trabajar y enfrenté el día con valentía. Cuando volví a casa, bastante tarde, David me pidió que lo llevara al negocio de música porque se le había roto una cuerda de la guitarra. Lo llevé.

Cuando volvimos, Roe me preguntó si no podía poner la mesa e ir a buscar a Karen a la casa de una amiga. Saqué los vasos y los platos, los tenedores y los cuchillos y los puse en la mesa. Después salí. Cuando Karen subió al auto, me pidió que la llevara a la biblioteca porque necesitaba unos libros para su monografía sobre Kentucky.

La bibliotecaria me recordó que debía tres libros.

Cuando Karen y yo volvimos a casa, la comida ya estaba lista. Michael me preguntó si no podía ayudarlo a llevar su silla del living a la cocina.

—Usé la silla como helicóptero, papá.

Quise decirle que habría podido hacer "volar" de regreso la silla a la cocina, pero estaba demasiado cansado.

Después de comer, Roe y yo lavamos los platos y después me preguntó si no quería ir a dar un paseo.

Caminamos o, debería decir, Roe caminó y yo "marché" paso a paso a un ritmo constante; de lo contrario me habría caído dormido en el primer césped mullido.

En las treinta y seis horas anteriores había dormido sólo seis horas y estaba exhausto. Cuando volvimos de la caminata, tuve que calmar una discusión entre los varones, darle una ducha a Karen, alimentar a la gata, abrirle la puerta a la gata, lavar la pecera, devolver un llamado a la agencia de seguros, leerle a Karen y, por último, leerle a Michael. David, por ser el mayor, ya no quiere que le lea de noche.

Le leí a Karen, la arropé, le llevé un vaso de agua, dije las oraciones, ahuyenté a los fantasmas de su armario, bajé las persianas y le di un beso.

Le leí a Michael, lo arropé, le llevé un vaso de agua, dije las oraciones, ahuyenté a los piratas de su armario, bajé las persianas y le di un beso. Me faltaban cinco segundos para terminar el día y meterme en la cama para dormir toda la noche cuando Michael dijo con tono suave:

—¿Papá? ¿Podrías traerme mi manta?

Me pregunto si, mientras Miguel Ángel lavaba sus pinceles después de haber terminado el techo de la Capilla Sixtina, el Papa se habrá inclinado sobre su hombro para decirle: "Miguel, estaba pensando si no podrías agregar una imagen más, algo como Dios y el hombre casi tocándose; algo así."

Mi Michael quería su manta, que no estaba en el primer piso sino en el sótano, atrás, dentro del armario, debajo del canasto.

—Karen me la escondió —me explicó Michael.

Bajé tambaleándome el primer tramo de escalera. Me froté los ojos. Bajé tambaleándome el segundo tramo de escalera y casi tropiezo con la gata.

Llegué al sótano, alargué el brazo para llegar hasta el armario, tiré la manta que estaba debajo del canasto. Dormir. Dormir. Lo único que quería era dormir.

Subí los dos tramos de escalera como si tuviera las piernas de cemento. Fui hasta la habitación de Michael, puse la manta a su lado y le di un beso. Cuando estaba a punto de salir de su cuarto, susurró:

—Papá, gracias por bajar hasta el sótano a buscar mi manta. Te quiero.

—De nada. Yo también te quiero, hijito —dije, y fui hasta mi dormitorio, me desplomé en la cama, me desperecé un poco, me arrollé y me dormí. No me habría sorprendido si, al día siguiente, Roe me hubiera dicho que me había oído ronronear toda la noche.

¿Cómo da usted? ¿Libremente o por la fuerza? ¿Y cuál es su motivación? Hoy tendrá muchas oportunidades de ser una persona dadivosa, de tener un corazón generoso. Piense antes de actuar: ¿Estoy dando con alegría, o lo hago de mala gana? ¿Y recuerdo quién está observando?

El jardín del placer de Dios

*¡Regocíjese el campo con todos sus frutos! Griten de gozo
los árboles del bosque, griten de gozo delante del Señor.*
1 CRÓNICAS 16:32-33

Muchas veces Roe y yo salimos a caminar después de comer: doblamos hacia la izquierda, tomamos un sendero que bordea los caminos vacíos que serpentean entre los arces y el pasto silvestre. Al principio, estas caminatas eran por cuestiones de salud. Considerábamos que el ejercicio era bueno.

Durante la primera semana nos concentramos en la velocidad y los movimientos de brazos. Nos compramos las zapatillas adecuadas, nos poníamos shorts y remeras sueltas. De noche, nos vestíamos de amarillo o blanco.

Al final de la segunda semana, descubrimos algo que iba más allá de medir el pulso: nos descubrimos el uno al otro. Una noche, contamos la cantidad de conejos con que nos cruzamos: ocho. Otra noche, Roe y yo planeamos la fiesta de cumpleaños de Karen. Una noche, ya tarde, hablamos de nuestro helado favorito: el de chocolate; a Roe le gusta el de chocolate amargo en cucurucho.

La tercera semana dejamos de tratar de balancear los brazos como corresponde. Nos tomamos de la mano.

La semana pasada, en una de nuestras caminatas, Roe dijo de repente:

—¡Huele esto! ¡Respira hondo! ¿A qué huele?

—¿Aire fresco? —pregunté.

—Prueba otra vez.

Volví a aspirar.

—¿Pasto recién cortado?

—Tenemos que retroceder un poco. Ya se fue.

—Se detuvo, giró y empezó a caminar en la dirección contraria. La seguí.

—¡Aquí, aquí está otra vez! ¿A qué huele?

Me paré junto a Roe y mandé una bocanada de aire a los pulmones.

—¿Madreselva? —pregunté.

—Sí. ¿Puedes olerla?

Roe y yo nos conocimos cuando ella tenía veintidós años y yo veinticuatro. Los dos nos habíamos criado a la orilla de los bosques que estaban repletos de madreselva y el aroma de esa flor silvestre nos traía el mismo recuerdo: el momento de un placer infantil en una aventura muy lejana a través de la vecindad de nuestros sueños separados.

—Veamos si podemos encontrar las flores —sugirió Roe. Y empezó a caminar de cara al viento pensando, con justa razón, que el aroma era transportado por las ligeras corrientes de aire que avanzaban hacia nosotros.

Muy pronto llegamos hasta un grupito de árboles donde, al pie de ellos, en tímido reposo, había una planta de madreselva. Roe se agachó y, como una madre que aparta un mechón de pelo de la cara de su hija, cortó una flor y la puso debajo de mi nariz.

—Huele —susurró.

Aspiré el aliento de un pequeño dios oculto en lo profundo de los delgados pétalos y olí la flor.

Es posible que la fuente de la juventud extraiga su poder de los jugos exprimidos de la madreselva, pues, al reconocer el aroma de la flor, volví al patio de mi infancia, me detuve a jugar a las escondidas con mis hermanos, oí cómo gritaba mi abuela llamándonos a comer, agitando los brazos desde los escalones de la galería trasera.

Me incliné sobre la planta, recogí una flor y la puse bajo la nariz de Roe y ella también cerró los ojos.

Cuando los dos recuperamos el sentido, cortamos dos ramitas largas de la planta de madreselva y regresamos a casa.

Hasta ahora, Roe y yo bajamos cinco kilos.

Necesitamos compartir cosas pequeñas con nuestros seres queridos, ya que, al compartir, descubrimos más acerca de ellos. Dios nos brinda una gran exhibición en la feria de Su mundo.

Invite hoy a un amigo a almorzar y caminen juntos. Disfruten los diferentes paisajes que Dios creó para ser admirados: flores, conejos, árboles, olores. Dígale a su amigo lo bellas que son las cosas que Dios creó. Le dará las gracias por su visión y su compañía.

El recuerdo del don de Dios

En verdad os digo, hoy estaréis conmigo en el paraíso.
Lucas 24:43

Mi mujer y yo compramos nuestra casita hace diecisiete años. Nos mudamos en el mes de octubre. Las hojas de los altos robles ya habían empezado a virar a sus colores rojizos profundos. No sabíamos que, bajo el frío otoño, nos esperaba una pequeña sorpresa.

Yo crecí en una casa rodeada por un jardín rústico. Lo llamo rústico porque había poca diferencia entre el patio y los bosques y el distante campo abierto. Mi padre plantó helechos que crecieron silvestres en el borde del bosque. Plantó moras que crecieron y crecieron y se apoderaron de todo el lado norte de la propiedad. Los narcisos que florecían cada primavera los habían plantado los antiguos dueños de la casa. Y mi abuelo plantó rosas blancas que colgaban del enrejado que construyó el último verano antes de su muerte.

Había una flor en especial que me gustaba esperar cada primavera: las dicentras. Yo creía que mi madre había inventado el nombre. Me asombraba ver las florcitas rosadas que crecían en forma de corazón como los de las cartas. Como en las imágenes de Alicia en el país de las maravillas, me gustaba tomar una sola flor en forma de corazón y sostenerla entre mis dedos. Me gustaba abrir la flor y encontrar su pequeño esqueleto blanco en el interior, pues eso parecía la parte de adentro de la flor.

Una tarde, durante nuestra primera primavera juntos en la nueva casa, iba caminando por nuestro pequeño patio cuando vi, a lo lejos, un puñado de flores rosadas que colgaban de un tallo verde: dicentras. Nunca había visto las flores en otra parte que no fuera el jardín de mis padres y allí estaban, aguardándome en el patio de mi nueva vida con mi flamante mujer, las flores de mi infancia.

Corté una flor y lentamente la abrí y, como siempre, allí estaba también el esqueleto blanco interior en forma de corazón.

Todos venimos de las mismas raíces, del mismo suelo. Todos venimos del primer amor creado en un jardín lejano, o en un deseo lejano de estar menos solos. Qué familiares me resultaban esas dicentras. Eran simples dones de Dios. Como se lee en el Salmo 77:11, "Yo recuerdo las proezas del Señor; sí, recuerdo Sus prodigios de otro tiempo". Las flores de mi jardín eran como milagros, un don de Dios, arrancadas, al parecer, del jardín de mi infancia.

Mire hoy en su casa y vea qué dones le trajo Dios. ¿Es una planta? ¿Una fotografía? Tal vez uno de los dones de Dios sea una ventana determinada de su casa que deja entrar la luz del sol.

Elija un don específico que reconozca como un verdadero regalo de Dios, y compártalo con un amigo.

En mi visión del cielo, hay todo un campo de dicentras esperándome.

Las cosas se resuelven
de la mejor manera

Está bien interesarse por los demás, con tal de que ese interés sea verdadero.

GÁLATAS 4:18

El proyecto era un viaje a la costa para la tarde. Dieciocho grados. Loción bronceadora. Picnic a mediodía. Los chicos corrían por la casa, ansiosos por volver a acariciar las olas del océano. Yo temía la inminente aventura. No me gusta estar al sol. Me lastima los ojos cuando trato de leer. Me quema la piel.

—Roe —grité mientras salía—, voy a ver si puedo comprar una sombrilla para la playa.

El primer negocio no tenía. Agotadas. En el segundo negocio los precios eran muy altos. Por último, en el tercero encontré la sombrilla y el precio que quería.

Después de comprar la sombrilla, la que tenía peces azules y amarillos, la cargué en el auto en el estacionamiento del shopping. Quería asegurarme de que la sombrilla fuera del tamaño apropiado y no se arruinara, de modo que la saqué del estuche de plástico, luché con el cierre y finalmente, como un hongo en los bosques húmedos, la sombrilla se abrió.

Yo debía parecer una Mary Poppins enloquecida en medio del estacionamiento. Pasó muy cerca una mujer en una camioneta con cinco chicos. Los chicos se asomaron por la ventanilla y me miraron. Di unos pasos y dancé para los chicos, como un oso bailarín con su sombrilla y su público. Los chicos se rieron. La mujer apretó el acelerador y salió volando. Saludé a los chicos que se alejaban y ellos me correspondieron.

Cuando llegué a casa, todos estaban listos para cargar el auto y salir.

Una hora y media después, Roe, los chicos y yo transportábamos toallas, baldes, lonas y una conservadora por la arena caliente. Yo acarreaba mi sombrilla azul y amarilla.

El único problema con la costa de New Jersey en mayo es el viento. Y el único problema con el viento en mayo es el frío.

Cavé un hoyo grande, hundí el barral de la sombrilla en el piso y amontoné arena alrededor de la base. Luego me senté a la sombra con mi diario, dispuesto a disfrutar las siguientes horas leyendo.

De pronto, el viento arrancó mi sombrilla fuera del hoyo y la arrastró varios metros por la playa hasta que pude alcanzarla. Los chicos no paraban de reírse. Los miré, hice unos pasos de baile y se rieron un poco más.

Levanté la sombrilla todo lo que pude sobre mi cabeza y les dije a mis tres hijos que me siguieran de cerca mientras jugábamos a seguir al líder. Por las dunas, alrededor del puesto de sándwiches, por la rampa, hasta las olas, en las olas, nos siguieron a mi sombrilla y a mí. Roe se sentía incómoda. Los chicos se quejaron cuando empecé a cantar. Es probable que las gaviotas estuvieran impresionadas porque lo cierto es que chillaban con ganas.

Esa noche, cuando los chicos ya se habían quedado dormidos en sus cuartos y Roe y yo estábamos en la cama, susurré:

—Fantástica sombrilla.

Las cosas no siempre salen como esperamos, pero si vivimos nuestra vida según los deseos de Dios, las cosas se resuelven de la mejor manera.

Viva de acuerdo con los mandamientos de Dios y, esta noche, antes de dormirse, recuerde qué pasó hoy y vea cómo un hecho resultó muy distinto de lo que esperaba. Vea qué bueno fue realmente el resultado final.

Ama a tus enemigos

Recuerdo que cuando era chico, no muy lejos de donde yo vivía había un río. Uno de mis pasatiempos favoritos era bordear el río y buscar sapos y tortugas. Era un río lento y serpenteante. Yo creía que si escuchaba con suficiente atención, podía oír cómo cantaba el río. A veces me ponía botas. Me gustaba meterme en el agua fresca, agitarla y sacar almejas.

Una tarde —tiene que haber sido en verano, pues me acuerdo del calor y de los sauces colgando—, mientras caminaba junto al río, vi en la otra orilla a un chico más o menos de mi edad. Llevaba un bote de juguete color amarillo. Parecía de madera. Lo único que podía ver era una chimenea roja. El chico no me vio hasta que no me resbalé y caí al agua.

—¿Qué quieres? —me preguntó él, enojado.

Su tono de voz me sorprendió y me hizo sentir mal que alguien me hubiera descubierto entre las ranas y mis almejas de río, razón por la cual me quedé parado sin decir nada.

El chico puso su barco en el suelo y levantó una piedra. El agua me llegaba a las rodillas. Me hice sombra a fin de evitar el sol justo a tiempo para ver que el chico echaba el brazo hacia atrás y arrojaba la piedra en dirección a mí.

Me di vuelta enseguida y empecé a vadear hacia la orilla cuando sentí un dolor repentino en la parte posterior de la cabeza. Levanté la mano y la puse en el lugar en que me había golpeado la piedra. Me volví para enfrentar al chico. Estaba agachado, levantando su barco amarillo. Fue entonces cuando noté que tenía la mano húmeda. La bajé y vi que me corría sangre entre los dedos. El chico se agachó lentamente y puso su juguete en el agua. Por un momento, los dos miramos cómo el barquito flotaba apaciblemente junto al borde del río; después, me fui a casa.

¿Para qué niño canta el río? Siempre creí que cantaba para mí. Todavía lo creo y ya no temo la posibilidad de que el barco amarillo invada mi vida.

Jesús nos insta a creer que, pese a la maldad del otro niño, el río crea música para todos. Cristo no excluye a nadie de Sus dones y Su amor. Jesús nos enseña a asegurarnos de que, en nuestra rectitud, no impidamos que el canto del río llegue a oídos de los niños perdidos.

Finalmente aprendemos que la maldad puede vencerse, no con otra piedra, sino con el reconocimiento de que el mal existe y con el coraje de mantener un deseo de contribuir a llevar a todos hasta el buen río.

Tal vez hoy usted pueda sacar una copia de esta pequeña historia y ponerla en el escritorio de alguien que trató de actuar en su contra, y luego rezar para que esa persona vuelva a oír, una vez más, el canto del río.

El significado de la paz interior

Que el Señor te descubra Su rostro y te conceda la paz.
NÚMEROS 6:26

Muchos momentos hubo en mi vida en los cuales reconocí la existencia de la paz interior. Buscamos lo que nos da satisfacción: el éxito de nuestros hijos, el amor de nuestras mujeres, nuestros maridos, amigos, un proyecto bien realizado. Sin embargo, ¿no hay nada más allá de estas victorias obvias bien ganadas?

Mientras se avecinaba una tormenta eléctrica de verano, Johnny y yo íbamos en bicicleta rumbo a casa desde el lago. Johnny era mi vecino y mejor amigo cuando era pequeño.

Las nubes se pusieron negras. El viento aumentó.

—¡Más vale que nos apuremos! —dijo Johnny volviendo la cabeza y gritándome mientras yo trataba de alcanzarlo. Johnny el fuerte, Johnny el dueño de una bicicleta buenísima, Johnny mi amigo.

Empecé a apretar con fuerza los pies contra los pedales de la bicicleta. Llegamos a una pendiente en el camino y la bajamos a gran velocidad, como tratando de correr más rápido que la tormenta, la oscura tormenta, la fuerza que estaba a punto de caer sobre nuestras cabezas si perdíamos la carrera.

—¡Date prisa, por Dios! —gritó Johnny al pasar por Ivers Place.

En ese momento reconocí la felicidad: pedaleando en mi bicicleta contra el viento con mi amigo, corriendo a casa, a lo que era seguro, seco y estable.

Otra oportunidad en que sentí paz interior fue el día en

que iba caminando a la estación de servicio para recoger mi auto. Tenía que cambiarle el aceite.

Era un día caluroso. El cielo brillaba. Recuerdo que miré el cielo por entre los árboles sobre mi cabeza. Mi mujer y los chicos estaban en casa. Iba caminando. Tenía las manos en los bolsillos. Me sentía en cierto modo como un navegante del mundo, libre, listo para soltar amarras y evaluar mis provisiones. Sentía que podía llegar a descubrir el océano Pacífico. De pronto vi a lo lejos el cartel de la estación de servicio y mi ensueño se desvaneció. Pero recuerdo la sensación.

Robert Frost habla en muchos de sus poemas sobre la noción de exorcizar. La mayoría de sus poesías se refieren a una persona y muchas de ellas tienen que ver con personas que caminan por el campo, que saltan de un árbol, se echan a la mar o se lanzan a otro mundo. A menudo, muchas de las personas que aparecen en esos poemas también regresan una vez realizada la travesía.

Al apartarnos de lo que conocemos y amamos, descubrimos claves de paz. Tal vez suene absurdo. ¿Cómo puede haber paz lejos de los que amamos? Sospecho que no es la distancia de los que amamos lo que crea la alegría interior... Es la conciencia de que podemos volver a casa, de que podemos dar un paseo con Johnny nuevamente después de la tormenta, es el conocimiento de que podemos hacer aquella caminata a la estación de servicio y volver para reunirnos con lo que amamos.

¿Es posible que el viaje de nuestra muerte comience con esta sensación de paz interior, un alejamiento de la vida y el amor hacia la salvación que incluye, algún día, un retorno junto a los que amamos?

Uno de los lugares en los que descubro una alegría interior y consistente es mi escritura, especialmente cuando escribo poesía. Es entonces cuando me alejo de mi familia, mi carrera, mi vida como persona con una máquina de cortar el pasto y tres hijos, y soy la voz de lo que se creó a lo largo de veinte años, un sonido de mí mismo cantando donde no hay ninguna canción, bailando donde no hay ningún baile, repartiendo mis sueños en bolsillos de pasión donde no hay pasión. Pero la sensación está.

Escribir poesía debe ser como componer música: la creación de un sonido que es lenguaje, desarrollado al escuchar otra música, viviendo la música, aceptando la diversidad de la conmoción interior. Debemos vivir en el mundo común bajo la luna dorada. Tenemos que vivir en las cavernas hambrientos de campos abiertos. Somos arrastrados hacia lo que significa ser un ser humano sin compromisos, en el camino, corriendo contra una tormenta, invitando a Johnny a unírsenos en el muelle: "¡Soltemos amarras! ¡Soltemos amarras! Proclamaremos su derecho frente a nuestras velas descubiertas y nos evadiremos toda la tarde antes de que nos llamen para cenar!".

Ése es el significado de la paz interior. Los niños lo saben. Los marineros lo saben. Los poetas y los músicos lo saben. Inicie usted también la carrera, el escape, la caminata suave en la tarde, y reconozca simplemente que, detrás de los techos están su casa, sus seres queridos, su base para vivir… y alégrese.

Dios quiere que nos alegremos. Por Él son creados todos los dones de paz. Apártese de su rutina. Cruce la calle y mire su casa. Almuerce en un lugar distinto. Mire su casa o su lugar de trabajo desde otra perspectiva y vea si no siente una paz interior. Vea si no siente un ansia de volver a su hogar para abrazar a los que ama. Eso es lo que Dios quiere que hagamos cuando estemos a cierta distancia de las puertas del cielo: mirar hacia la casa de Dios con hambre y paz interior.

Algún día, todos estaremos en casa.

Amor fraterno

Amaos cordialmente con amor fraterno.
ROMANOS 12:10

Tengo una amiga muy anciana que hace poco fue internada en un geriátrico. Su marido, cirujano, murió hace diez años, y ella ya no podía vivir sola en su casa.

En una de mis visitas a su nueva casa, un centro muy cómodo, estábamos ella y yo sentados en su habitación. Sentía curiosidad por saber por qué parecía tan triste.

—Bueno —dijo mi amiga—, he estado dándoles de comer a los pajaritos y las ardillas que vienen a mi ventana, pero una de las enfermeras me dijo que no puedo hacerlo.

—¿Te dio alguna razón?

—No. Sólo me dijo que no está permitido.

Después de mi visita, me despedí con un beso y caminé por el corredor hasta la oficina. Pregunté si podía hablar con la persona que estaba a cargo del lugar.

Un hombre alto y delgado, de unos cincuenta años, salió de su despacho y me preguntó:

—¿En qué puedo ayudarlo?

—Bueno, a mi amiga de la habitación dieciocho le gusta alimentar a los pájaros y las ardillas de su ventana y le dijeron que va contra las reglas.

—Veré qué puedo hacer —dijo el hombre.

En mi siguiente visita, al entrar en el estacionamiento, vi en medio del césped delantero del geriátrico una nueva pileta para pájaros en el suelo y un nuevo comedero sobre un poste no muy alto, y vi a mi amiga llenando la pileta con una lata color amarillo.

Gracias a un gesto de bondad y amor, una mujer muy

vieja podía, nuevamente, alimentar a los pájaros y las ardillas de Dios.

Jesús quiere que nos amemos los unos a los otros. Él nos recompensará por ese amor. Recuerde usted que María, la hermana de Lázaro, dijo: "Señor, si hubieras estado aquí, mi hermano no habría muerto" (Juan 11:21). Como consecuencia del amor y la fe de María en Dios, Jesús proclamó: "Tu hermano resucitará" (Juan 11:23). Gracias a un gesto de bondad y amor, María fue testigo de la gloria de Dios.

Piense en un amigo que esté sintiendo desconsuelo. Vea si puede arreglar algo hoy para que su amigo se sienta un poco mejor. Su gesto de bondad y amor será recompensado.

Respeta a tu padre

Cada uno de vosotros respetará a su madre y a su padre.
LEVÍTICO 19:3

La caldera de la casa de mis padres no funcionaba bien. Cada vez que la encendían para calentar algo, empezaba a toser y después hacía un ruido infame. Cuando mi madre me llamó para explicarme el problema, subí al auto e hice los treinta minutos de viaje hasta la casa donde me crié. Como siempre, papá se había olvidado de desagotarla.

Mi padre tiene ochenta y dos años.

Cuando estacioné frente a la casa, me invadió una sensación de miedo y depresión. Los árboles del patio parecían languidecer. La casa tenía un aspecto viejo y gastado. Al entrar en el vestíbulo, oí la televisión a todo volumen en el living. Mi padre, sentado en su sillón, leía los subtítulos al pie de la pantalla. Su audífono estaba sobre la mesa. Mi madre me explicó que el gato, Misha, estaba muriéndose y el veterinario pensaba que lo mejor era dormirlo al día siguiente. El gato tenía diecisiete años.

Bajé al sótano. Lo encontré húmedo y frío. Cuando estiré el brazo para alcanzar el cable que sostiene la única bombita, recorrí con la mirada el recinto a media luz: un banco de carpintero, el tablero de herramientas, madera de desecho. Ése era el sótano donde mi padre había construido un bote de tres metros y medio, un fuerte para mis soldaditos de plástico y un telar para mi hermana.

Mi padre fue abogado.

Las herramientas del sótano estaban oxidadas; el banco de carpintero estaba cubierto por una densa capa de polvo.

Oí el chillido ahogado de la televisión que se filtraba desde el piso de arriba.

Después de abrir la válvula en la base de la caldera, dejé que el líquido oscuro cayera en un balde vacío; luego cerré la primera válvula y abrí la segunda que llenó la cámara adecuada con agua nueva. El nivel de agua, que no había sido controlado durante semanas, era precariamente bajo.

Mi padre fue profesor universitario.

Apagué la luz del sótano, subí los peldaños que crujían, entré en la cocina y me serví varias uvas de una frutera que siempre parecía estar llena. Cuando yo era chico, mi padre me tomaba de la mano en la verdulería y me pedía que lo ayudara a elegir las mejores uvas.

Mi padre cuenta la historia del día que lo liberaron del campo de prisioneros de guerra de Bélgica durante la Segunda Guerra Mundial. "Tenía un poco de plata en el bolsillo y lo primero que compré fue una bolsita de uvas. Nunca olvidaré esas uvas, tan frescas y dulces."

Mi padre fue editor.

Entré en el living con las uvas en la mano. Mi padre se inclinó para adelante en su sillón y trató de ajustarse los anteojos para leer. Mi madre se sentó en el sofá y acarició al gato delgado y moribundo.

Justo cuando me disponía a sentarme a su lado, mi padre se volvió y dijo:

—Christopher, tu madre y yo dimos un paseo por el parque ayer a la tarde, alrededor de la vieja laguna, y vimos la tortuga más grande. Trae a los chicos este fin de semana y veremos si podemos volver a encontrarla.

Luego se volvió hacia el televisor y ajustó la calidad del color.

Mi padre fue escritor.

Después de despedirme de mi madre, salí de la casa, subí al auto y arranqué.

El mes pasado mi padre anunció que finalmente había dejado el tenis.

—Ya no veo la pelota. La operación de cataratas no me ayudó mucho después de todo.

Ese fin de semana, mi padre nos llevó a mi mujer, a nuestros tres hijos y a mí a la cacería de la gran tortuga. Caminamos en fila entre las plantas, saltamos arroyos, asustamos a seis gansos y subimos al puesto de observación del parque.

Volvimos a la casa dos horas más tarde con ramas de sauce, brotes de manzana, tres tipos de violetas silvestres y tres nietos sonrientes.

Esa noche, mientras le daba un masaje en la espalda a mi mujer, le dije:

—Qué tristeza que el gato haya muerto.

Ese fin de semana no vimos ninguna tortuga pero durante unas horas olvidé que mi padre es un hombre viejo. Durante unas horas bordeé la laguna y traté de oír la risa de la tortuga mientras compartía una tarde de primavera con mi padre, sin esperar otra cosa que estar juntos y eso fue bueno.

Creo que nacemos para amar. Nacemos para conocer las voces de nuestros progenitores. Nacemos para cumplir con nuestro deber según los deseos del padre, según los deseos de la madre. Respetamos a nuestros padres en la forma en que vivimos nuestras vidas y en la forma que reconocemos con gratitud el amor y el trabajo que dedicaron a nuestra supervivencia.

Respetar a nuestros progenitores es respetar a Dios.

Visite la tumba de sus padres hoy y diga una oración de acción de gracias por el don de la vida que le dieron. O llame a sus padres por teléfono y comparta un recuerdo de infancia feliz con ellos. Tal vez puede enviarle una nota a su padre.

Dígale lo mucho que ama a Dios. Dígale a su madre lo mucho que la ama.

Bendito sea el muñeco en la nieve

De seguro que si vosotros no cambiáis o no os hacéis como niños, no entraréis en el Reino de los Cielos.

MATEO 18:3

Muchas veces, antes de subir para ir a dormir, miro por la ventana de atrás y enciendo los reflectores de afuera. A lo largo de los años, he asustado a un mapache que subía por un árbol, a un zorrino que cavaba en el pasto buscando comida, a muchos gatos que se deslizaban en la oscuridad.

Una noche, muy tarde, cuando los chicos y Roe dormían, encendí de nuevo las luces de atrás. Estaba nevando. Me encantó ver caer la nieve iluminada de golpe por mi falsa luz.

Noté que se habían acumulado varios centímetros. Tomé mi abrigo, abrí despacito la puerta, apagué las luces del patio y caminé hasta la mitad del terreno.

Las casas del barrio parecían cajas oscuras. Los árboles se abatían sobre mí de una manera acusadora. "Deberías estar en la cama", parecían decir sus ramas ganchudas señalándome.

Me agaché, recogí un puñado de nieve y lo lamí. Los hombres de cuarenta y dos años no lamen la nieve. Luego volví a agacharme y armé una bola de nieve con las manos, tiré hacia atrás el brazo derecho, lancé mi misil y no acerté en el árbol al que había apuntado.

Qué extraño era en medio del parque, estar en el medio de toda esa actividad de la intensa nevada y no oír ni un ruido. El silencio de la nieve.

Miré a mi izquierda, después a mi derecha. Observé la calle vacía y caí de espaldas. Sacudí los brazos hacia arriba y hacia abajo, separé las piernas y las cerré de nuevo contra la nieve. Luego me puse rápidamente de pie. Un ángel de nieve.

Nevaba y nevaba.

Empecé a sentir frío y se me ocurrió una última idea. Una vez más me agaché y junté nieve para formar una pelota, pero esta vez la dejé en el suelo y empecé a llevarla rodando. En minutos, mi bola de nieve tenía la mitad de mi altura. Unos minutos más y la bola de nieve ya era suficientemente grande. Hice rodar una segunda bola, no tan grande como la primera. Una vez terminada la tercera bola, el trabajo de los siguientes minutos reveló la forma nítida de mi muñeco de nieve.

Me quité mi gorro, lo puse en la cabeza del muñeco y empecé a caminar en dirección a la casa.

Después de entrar, después de colgar mi abrigo, fui hasta la ventana de atrás, encendí la luz y allí estaba, congelada en mitad de la noche, la imagen de un hombre con un gorro verde, inmóvil en el tiempo, contento de estar en el lugar al que pertenecía. El muñeco de nieve no me devolvió el saludo.

A la mañana siguiente me despertó el ruido de mis tres hijos gritando y riendo en el patio trasero. Salté de la cama, abrí las cortinas y vi a los chicos armando sus propios muñecos de nieve, tres muñequitos de nieve al lado del que yo había construido esa noche.

Entendí claramente lo afortunado que es mi muñeco de nieve. Bendito el muñeco bajo la nieve. Benditos los chicos cuando cantan en medio del invierno.

La nieve, como la verdad de Dios, no puede apreciarse plenamente si no nos volvemos otra vez como niños.

Muchas veces pensamos que debemos hacer el papel de un adulto; en un viaje de negocios, en una reunión, por teléfono, en una fiesta con colegas. Quienes afirman que son totalmente adultos y no niños son falsos a los ojos de Dios. Hay una diferencia entre ser como niño y ser infantil.

Deberíamos actuar como Cristo niño, inocente ante el

mundo, con toda la fuerza y todo el amor que estamos dispuestos a compartir con los que entran en nuestra vida.

Ríase fuerte hoy. Invite a su jefe a tomar un helado. Lleve a sus hijos al zoológico y ruja como el león cuando lo vea. Lance globos al aire. Salga y pase un rato saltando a la cuerda. Sacuda las piernas y balancéelas para adelante y para atrás y ríase a la sombra de Dios, que nos conoce como Sus hijos.

Sea siempre un hijo de Dios, un hijo de la luz.

La inesperada belleza de Dios

El Reino de Dios está entre vosotros.
LUCAS 17:21

Tengo la impresión de que existe un pacto sagrado con Dios del que no somos conscientes. Sentí esa conexión divina después de oír por radio que el valle donde vivo probablemente soportaría fuertes tormentas eléctricas.

Con el propósito de prepararme para la tormenta, llamé a los chicos, que jugaban en un campo de juegos vecino. Guardé sus bicicletas en el garaje. La ropa se sacudía en el tendedero. La gata estaba sentada en la escalinata, atenta, moviendo la cola para atrás y para adelante. Luego esperé.

El cielo cambió los colores que había tenido más temprano, de azul a blanco, otra vez a gris, después a azul, y fue entonces cuando el viento empezó a dibujar torbellinos en el jardín.

Se sacudieron los robles. Los cardenales y los gallos graznaron. Un cubo de basura rodó por la calle.

Fui hasta el garaje y desenganché una silla plegable de la pared, acarreé la silla sobre mi cabeza, la abrí en el medio del patio y me senté. Unas cuantas hojas de roble cayeron al suelo. Mi intención era ser parte de la tormenta, experimentar lo que experimentan los pájaros, una ducha repentina sobre sus cabezas.

Me eché atrás en la silla y aspiré. El aire es fresco y dulce al comienzo de una tormenta. Oí puertas y ventanas que se cerraban. Un chico pasó corriendo junto a la casa. Entonces, miré hacia arriba por entre los robles y vi pasar un globo amarillo que tenía dibujada una cara sonriente. No sé por qué se me ocurrió seguir al globo, pero lo seguí.

Corrí al garaje, me subí a la bicicleta de mi hijo y salí por el sendero. A los pocos minutos divisé el globo que tomaba rumbo al norte. Para cuando el globo había desaparecido, estaba en un ancho campo al pie de las colinas que se alzan frente a nuestra pequeña localidad. Allí, en ese campo, pude ver todo el horizonte. Todo un mural inconcluso de Miguel Ángel pasaba sobre mí: colores grises, rojos, remolinos de blanco y azul. Quizá fuera todo el cielo.

No había ninguna tormenta. Las nubes se hinchaban. El viento soplaba contra mi cara. Me sentí solo, aferrado al manubrio de una bicicleta de niño.

Me pregunto si Dios nos pide que abramos los ojos y reconozcamos las pistas de Su existencia. ¿Quién sabe si Dios no nos provoca con globos amarillos con caras sonrientes, a fin de guiarnos hacia el universo inesperado de belleza y de nosotros mismos?

¿Se atreve usted a ver el "globo amarillo" que pasará hoy a su lado? ¿Será, quizás, el ulular del viento silbando entre las molduras de la ventana? Note la suavidad del pétalo de una flor, escuche la voz de un niño en el barrio llamando a un amigo: "¡Eh. Ven, juguemos a la mancha!".

Tómese un momento para reflexionar acerca de la belleza del universo de Dios. Juegue con Dios. Él quiere que usted disfrute de Su patio. ¡Mancha! Y eso agradará a Dios.

La protección de Dios

...porque irás delante del Señor preparando Sus caminos...
merced a la misericordiosa ternura de nuestro Dios, que nos
traerá del cielo la visita del sol naciente para iluminar a los
que están en las tinieblas y a la sombra de la muerte.

LUCAS 1:78-79

"Las tropas alemanas avanzaban sobre Bélgica. Po-
díamos oír las explosiones. Yo estaba muy asustada.
'Mis brazos —le decía a tu abuela—. ¡Mis brazos! ¡Tengo
miedo de que me disparen en los brazos!'"

En la primavera de 1940 mi madre era una adolescente
y, como estaba tan asustada, ella, mi abuela y mi tío huyeron
de su casa de Bruselas, cruzaron la frontera francesa y se convirtieron en refugiados. No sabían adónde iban, pero sí lejos
de las bombas.

Tras un largo viaje y mucho cansancio, mi tío Henry, mi
abuela y mi madre llegaron a un pueblito sobre la costa de
Francia: Dunkerque.

"Había muchísima gente. Familias como nosotros, con
valijas, chicos que lloraban, aviones que pasaban volando. Y
los soldados. Había miles de soldados. Creímos que era lo
normal, tal vez lo que el resto del mundo vivía en ese momento. Por supuesto, no sabíamos entonces que las tropas
británicas eran empujadas al mar y estaban varadas, a la
espera de cualquier ayuda que su país pudiera enviar, y que
lo hacía a través del canal, para rescatarlos.

"Pero nosotros no éramos tropa. Éramos tres seres hambrientos y cansados en busca de un hotel."

Naturalmente, mi familia no pudo encontrar un hotel y
mi abuela se dio cuenta de que debían abandonar esa ciudad

conmocionada. Fueron hasta la estación de autobuses, donde había cientos y cientos de personas esperando uno de los últimos coches que salió de Dunkerque.

¿Alguna vez ha estado usted en medio de una multitud cuando de pronto los de atrás empiezan a avanzar como una ola y los que están adelante son atropellados?

"Cuando la gente vio el autobús —explicaba mi madre—, de atrás empezaron a empujar. El vehículo se acercaba cada vez más y la multitud aumentó su furia."

Mi abuela vio que mi madre era arrojada debajo del autobús y gritó con todas sus fuerzas al conductor que frenara.

Por encima del bramido de la multitud, el conductor logró oír el ruego de mi abuela y detuvo el autobús.

Se bajó y le preguntó a mi abuela cuál era el problema.

—¡Mi hija! ¡La arrojaron debajo del coche! —El conductor y mi abuela se agazaparon debajo de la gente y allí estaba mi madre, acostada boca arriba con las ruedas traseras del autobús al lado de su vestido estirado.

"Entonces, el conductor se volvió hacia mi madre y le dijo: Ya que su hija se llevó semejante susto, su familia puede ocupar el primer asiento en el autobús."

Mi madre, mi abuela y mi tío subieron. La multitud entró a los empujones para sentarse rápidamente y el autobús partió dejando a la mayoría de los otros atrás.

Gran parte de la historia de mi familia se habría perdido si las ruedas hubieran avanzado veinte centímetros más: mi hermano y mis hermanas, mi propia vida… mis hijos David, Karen y Michael.

Estamos unidos por un delgado hilo histórico de vida.

Estoy seguro de que Dios lloró durante la Segunda Guerra Mundial. El mundo a veces parece gritar: "Dios mío, Dios mío, ¿por qué me abandonaste?" El caos, el odio, la confusión nacional son la culminación de la fe perdida en todo un pueblo. Nos sentimos abandonados al mal.

No tema. En los momentos de caos o confusión interior,

no tenga miedo de alzarse contra el mal y volver a tomar el control de su vida. Haga flamear la bandera de la victoria ante Dios pues Él está esperando por usted con Sus tratados de paz y misericordia.

Elijamos a los débiles como hace Dios

Dios eligió lo que el mundo tiene por necio, para confundir a los sabios.

1 CORINTIOS 1:27

Hace poco, en un partido de béisbol de la Little League, me hallaba sentado en las gradas esperando a mi hija Karen, que jugaba como catcher.

En la mitad del partido, un hombre con una pierna trabada en la valla derecha del campo apoyó las muletas sobre un canasto de basura y se aferró a la valla como apoyo.

La multitud se animaba cada vez más a medida que el juego proseguía. Cada tanto, yo miraba en dirección al hombre de una sola pierna. Se enjugaba la frente. Se adelantaba un poco. Noté que a menudo cerraba los ojos.

Cuando mi hija volvía al banco entre turnos, me miraba y me hacía señas. Yo le respondía.

Hacia el final del partido, miré hacia la izquierda y vi a dos chiquitas que caminaban juntas. Tendrían unos ocho años. Una de ellas vio de pronto al hombre de una sola pierna. Alzó las cejas, se tapó la boca ahuecando las manos, luego le habló a su amiga y señaló. Las dos se rieron.

Cuanto más se acercaban al hombre, más sorprendidas estaban. En un momento dado, una de las chicas se agachó para verificar, a ciencia cierta, que al hombre le faltaba realmente la pierna derecha. Cuando volvió a incorporarse, empujó a su amiga, luego levantó su pierna derecha y empezó a saltar: Mira, yo también puedo hacerlo —dijo, riéndose otra vez.

La otra chica miró al hombre y ella también levantó la pierna y saltó junto a su amiga. Las dos siguieron riéndose.

Después de un momento, se chocaron una a la otra, perdieron el equilibrio y aterrizaron ambas sobre sus dos piernas sanas. Luego de lo cual corrieron juntas hasta el kiosco.

—¡Papá! —gritó mi hija al final del partido—. ¡Ganamos! —Corrió hasta mí, me tomó de la mano y empezamos a caminar hacia el auto.

—Fue muy divertido. ¿Me viste golpear? El entrenador quiere llevarnos a todas a tomar un helado.

Mientras Karen hablaba sobre la victoria, sobre su gusto de helado favorito y sobre el torneo de ganadores, yo miré a mi derecha y vi al hombre de una sola pierna que cruzaba lentamente el campo de juego.

—¿Papá? ¿No me escuchas? —preguntó Karen.

—Sí, Karen. Una linda victoria —dije, mientras pensaba en el hombre que viene a ver jugar a los chicos y escuchar su risa.

Podemos deleitarnos mucho con una hija que celebra su victoria en el béisbol. Resulta obvio quién es el campeón con solo mirar la tabla de resultados. Pero el anciano con una pierna es un triunfador de otro tipo.

En nuestra vida, Dios no crea una tabla de resultados clara. Debemos mirar atentamente con los ojos de Cristo y encontrar los atletas del equipo silencioso de Dios. "Feliz el que se ocupa del débil y del pobre; el Señor lo librará en el momento del peligro" (Salmo 41:1).

Busque a los pobres, únase a ellos en su lucha, y entonces también usted podrá proclamar una victoria.

El hombre que se burla de Dios

No os engañéis: nadie se burla de Dios. El hombre recoge lo que ha sembrado.

GÁLATAS 6:7

El hombre tonto dice:

Yo no soy religioso. No soy un hombre de iglesia. No soy un hombre de símbolos. No soy un hombre de gestos formales. No recito oraciones en la iglesia. No inclino mi cabeza en una bendición. No honro a los muertos. No me lavo las manos en agua bendita. No acepto la penitencia. No entono cánticos. No pongo flores al pie del altar. No llevo estampitas en mi billetera. No uso medalla ni escapulario. No creo en la oración. No creo en la comunión de los santos. No creo en el perdón de los pecados. No creo en el sonido de las campanas al mediodía. No admiro los vitrales. No deseo que mis hijos se casen por iglesia. No deseo la salvación. Yo no creo en la salvación. No creo en los Salmos. No creo en la Biblia. No creo en lo sagrado. No creo en la gracia. No obedezco a mi padre. Yo creo en la envidia. Quiero los bienes del prójimo. No creo en un solo Dios. No creo en los días de expiación. No creo en las aguas bautismales. No recito los nombres de los ángeles. No como el Pan de la Vida. No guío a mis hijos en el amor. No creo en el amor. No creo en el coraje. No creo en la inocencia. No acepto mi vocación. No dedicaré mi tiempo a Dios. No dedicaré mi tiempo a la iglesia.

Estoy muerto, dijo el tonto.

Iluminar el camino para otros

Jesús les dirigió una vez más la palabra, diciendo: "Yo soy la luz del mundo. El que me sigue no andará en tinieblas, sino que tendrá la luz de la vida".

JUAN 8:12

¿Sostiene usted una luz para aquellos que ama, de manera que puedan ver adónde van? Tal vez ellos ignoren que le duele el brazo. Tal vez no sepan que usted pasa muchas horas puliendo su lámpara y limpiando el vidrio para que los mejores rayos de luz horaden la oscuridad.

Cuando yo tenía ocho años, inventé un juego con un frasco de burbujas. Primero, hice muchas burbujas con mi soplador plástico y después busqué una burbuja que fuera más ancha que el borde del frasco. Soplé la burbuja y la atrapé con el frasco. La burbuja quedó arriba, cubriendo la abertura. En mi mente, mi frasco de burbujas pasó a ser un farol con su llama.

Naturalmente, la "llama" era la burbuja. El juego consistía en ver cuánto podía caminar por el patio hasta que la burbuja estallara, o hasta que mi "luz" se apagara.

Cada vez que la burbuja estallaba, corría hasta los escalones de la entrada, y allí empezaba y volvía a empezar todo de nuevo, tratando de superar mi distancia anterior con mi juego de la luz.

Si hay una verdad que quiero transmitir a mis tres hijos, es ésta: "Yo no puedo resolver todos sus problemas, pero sí puedo ayudarlos con todos y cada uno de ellos".

Considero que los seres humanos estamos hechos para ayudarnos unos a otros. Tenemos la capacidad y el impulso de ayudar a quienes están necesitados.

Pienso en un chiquito iluminando el jardín con sus burbujas. Pienso en el hombre que ilumina el camino de la vida de sus hijos con consejos, abrazos y sugerencias. Aquellos que amamos tienden a desdeñar nuestro consejo rápidamente, pero, no obstante, nosotros no dejamos de alumbrar el camino.

Hoy, propóngase ofrecer el don de su consejo a alguien que esté en tinieblas. Tal vez un compañero de trabajo que trata de resolver un problema. Tal vez su marido o su mujer, que no pueden superar un penoso dilema social. Tal vez su hijo, que está en el secundario y no sabe cómo corregir un error que cometió en el colegio.

¿Qué haría Jesús en las calles de Jerusalén si se encontrara con una persona que debe tomar una decisión difícil? Alumbraría el camino con Sus palabras de eterna sabiduría. Jesús alentaría al confundido. Jesús se sentaría junto a su compañero de trabajo, su marido o su mujer, su hijo, y les daría un consejo en base a lo que Él sabe.

El conocimiento de Dios es absoluto. Si imitamos a Cristo en nuestra actitud de ayuda, las palabras de consejo que broten de nuestros labios serán las adecuadas.

Encontrar la verdad

La verdad os hará libres.
JUAN 8:32

Según leí en el diario esta mañana, los científicos creen que una superfuerza está sacando a la Vía Láctea de su forma común. Me gusta leer sobre cosas que están más allá de mi comprensión porque esas cosas me recuerdan claramente que no soy tan inteligente como a veces creo que soy.

En mi trabajo como administrador en una escuela muchas veces me piden que haga sugerencias en cuanto al mejoramiento de los docentes. Los padres me preguntan qué hago por optimizar el programa de lectura y escritura.

Puedo pararme frente a una gran cantidad de gente y pronunciar un discurso, recitar estadísticas, explicar la filosofía de la lectura y la escritura que resulta lógica para todos los que me rodean, pero a menudo se descubre una verdad más contundente en los lugares más inesperados.

Me encontré con un chico de tercer grado en la biblioteca de la escuela primaria. Estaba leyendo en silencio.

—¿Qué lees? —le pregunté.

—Un libro —respondió el chico.

—¿Sobre qué?

—Un chico en un durazno y cómo se hace amigo de los insectos.

—¿Por qué te gusta el libro?

—No sé. Porque yo soy el chico en el durazno.

Creo que, cuando deseamos aprender verdades simples, lo mejor es que abramos nuestros ojos y nuestros corazones. Ni todas mis estadísticas universitarias no lograrán emocionar tanto a un público como la historia del niño que lee porque cree que es la persona del libro. En eso consiste mi verdadero trabajo en educación: conectar a los chicos con los libros.

San Juan escribió que la verdad nos hará libres. Mire a su alrededor y busque imágenes de la verdad: una cruz en lo alto de una iglesia, su anillo de casamiento, el saludo cálido de un vecino desde la vereda de enfrente.

Es más lo que podemos aprender de lo que tenemos ante los ojos, que de aquello que buscamos.

Dios y la justicia

Todo lo que es bueno y perfecto es un don de lo alto y desciende del Padre de los astros luminosos.

SANTIAGO 1:17

Todos los años, durante la primera semana de julio, David, Karen, Michael y yo abrimos la puerta del garaje, acomodamos los ojos a la oscuridad, descolgamos las bicicletas, tomamos los manubrios, ajustamos los frenos y salimos sendero abajo.

Llegamos hasta el cartel que dice "Stop", giramos a la izquierda, pedaleamos tres minutos, cruzamos la avenida y tomamos rumbo al camino de la iglesia.

Es un camino largo y ancho, rodeado de terrenos amplios con arces y... arbustos de zarzamoras a los que nadie parece prestar atención.

En julio pasado, mis hijos y yo íbamos por el asfalto y pasamos el cartel de "Iglesia de Nuestra Señora del Buen Consejo". Nuestro propósito era ir a recoger moras.

En cierto sentido, la vida es como recoger moras. Hay montones de endrinos esperándonos, pero si somos cuidadosos y delicados, y agradecidos y hambrientos y pacientes, la fruta será nuestro premio.

Michael iba más adelante:

—¡Vamos, apúrense!

—Las moras no se van a escapar —gritó Karen.

—Ojalá no gritaran tanto —dijo David.

Michael se rió a lo lejos. Karen trató de alcanzarlo mientras él hacía ruidos semejantes a los de un cohete o de un chico de nueve años.

De repente, se hizo un silencio. Karen y Michael estaban

parados frente a los arbustos. Cuando llegamos David y yo, tuve una sospecha.

—No hay moras —anunció Karen.

Michael tenía las manos en las caderas.

—No es justo.

David se acercó a los arbustos.

—Había montones de moras, pero alguien se las comió todas.

Cortó una ramita para mostrarme el tallo vacío donde, de hecho, alguna vez había habido moras.

—¿Se las habrá comido un oso? —preguntó Michael esperanzado.

—No —respondió Karen—. Por aquí no hay osos.

—No es justo —repitió Michael.

—¿Qué no es justo? —pregunté.

—Nosotros queríamos las moras. Venimos todos los años. Es nuestro secreto. Son nuestras moras.

—Bueno, en realidad no —lo corrigió David—. Esto no es propiedad nuestra.

—Pero no está bien llevárselas todas. No es justo —seguía diciendo Michael mientras subía otra vez a su bicicleta y proponía: —¡Hagamos una carrera hasta casa, muchachos!

Tres chicos y un hombre de cuarenta y dos años se encontraron de golpe en el *Tour de France,* corriendo para llegar a la línea. ¡Michael! ¡David, no! ¡Karen, no! Aquí nos tienen, pues; pienso que David —no Karen—, va ganando, y… ¡y yo los pasé a todos y entré primero en el garaje!

—¡Ganador por una nariz! —grité al proclamar mi victoria. Los chicos me siguieron enseguida, estacionaron sus bicicletas y corrieron hacia la puerta trasera donde Roe los esperaba con una jarra entera de té frío en la mano derecha.

En la misa de diez del domingo siguiente, el padre Pat habló de los dones que Dios nos dio y luego dijo:

—Y permítanme hablarles de las moras.

Todos los chicos me miraron, por supuesto.

El padre Pat continuó:

—Iba caminando al correo. Mi auto no andaba así que pensé que sería agradable caminar. Yo no camino mucho. Justo después de la iglesia encontré un arbusto de frutas lleno de moras bien maduras. Recuerdo que cuando era chico solía colectar moras con mi madre.

El padre Pat contó la historia de su madre y terminó el sermón diciendo:

—Ese día no llegué al correo. Me quedé donde estaban las moras y me las comí todas. Fue lo más divertido que me pasó en la semana y me trajo todos esos recuerdos. Dios nos sorprende con todo tipo de dones.

Después de la misa, Michael dijo:

—Supongo que es justo, después de todo.

Cuando pensamos que la vida y Dios han sido injustos a causa de hechos que hayan ocurrido, podríamos recordar las palabras de Abraham cuando confirmó la justicia de Dios: "¿Acaso el Juez de toda la Tierra no va a hacer justicia?" (Génesis 18:25).

Tome usted una injusticia, por pequeña que sea, que esté viviendo hoy, y recuerde estas palabras de Abraham.

Tómese un momento para dar gracias a Dios por vivir bajo Su justicia.

Dios y la pérdida

*Un tiempo para nacer y un tiempo para morir, un tiempo para
plantar y un tiempo para arrancar lo plantado.*

ECLESIASTÉS 3:2

El invierno pasado, la casa de mis padres se resintió bajo el hielo pesado y la nieve derretida. El techo del despacho de mi padre empezó a tener una filtración tan grande, que tuvimos que trasladar sus libros, su escritorio y sus manuscritos a un cuarto vacío.

A comienzos de la primavera, un carpintero local evaluó los daños: el techo, las antenas, había que reemplazar todo. "Y habrá que cortar la glicina."

Mi padre plantó la glicina en 1948, año en que mi madre y mi padre llegaron a Estados Unidos desde Europa. Durante los cuarenta y cinco años siguientes, criaron a seis hijos, plantaron frambuesas, escribieron libros, fueron al trabajo y volvieron, y soportaron la muerte de su segundo hijo. A lo largo de los hábitos regulares de sus vidas, la glicina fue creciendo silenciosamente al costado de la casa hasta llegar a la terraza, año tras año, pimpollo tras pimpollo.

—No puedo arreglar el techo a menos que se corte la glicina. Nunca vi una planta como ésa —dijo el carpintero.

Mi madre y mi padre no querían cortarla. Las flores aliladas, el aroma en primavera, la belleza de la glicina larga y espesa. Nada puede reemplazar semejante evocación permanente de la belleza.

Apenas recibió la autorización, el carpintero en menos de cuatro minutos cortó la glicina y la separó de la casa. Cada minuto representaba una década que la glicina había desarrollado muy despacito.

Terminado el trabajo, fui a la casa de mis padres para admirar su techo nuevo. Caminé hasta el costado de la construcción. Era un trabajo muy profesional. No había más filtraciones. La casa se había recuperado de su herida invernal. Me agaché y levanté un trozo de la glicina retorcida, gris y sin vida. Luego miré hacia arriba, y mis padres estaban parados en la galería mirando lo que había juntado.

—Tu padre dice que va a plantar una glicina nueva del otro lado del jardín.

Asentí mientras arrojaba la planta muerta a un costado y entraba en la casa para comer un pedazo de bizcochuelo que había hecho mi madre.

La pérdida y la aceptación de la pérdida es una circunstancia normal en la vida. Estamos hechos para esa pérdida. También estamos hechos para soportar esa tristeza, pero la soportamos porque creemos en el Dios de Isaías que dice que un día nuestro sol nunca volverá a ponerse, que "tu luna no desaparecerá, porque el Señor será para ti una luz eterna y se habrán cumplido los días de tu duelo" (Isaías 60:20).

Si recientemente ha sufrido usted una pérdida pequeña o enorme, recuerde cómo eran las cosas hasta que pueda oler las flores de la glicina, y luego todo estará bien nuevamente. Se lo prometo.

Hijos de la luz...
O de las tinieblas

Todos vosotros sois hijos de la luz, hijos del día. Nosotros no pertenecemos a la noche ni a las tinieblas.

1 Tesalonicenses 5:5

Esto es lo que vi: un frasco de vidrio de unos cincuenta centímetros de alto, redondo como un frasco de galletitas. Estaba en exhibición dentro de una caja. La caja era de roble oscuro con un cristal en la parte delantera. Dentro del frasco, colocado en el estante superior, había un líquido claro y un bebé. El líquido llenaba completamente la botella y el bebé estaba al revés con la cabeza aplastada contra el vidrio curvo.

Había ido a visitar a un amigo que enseña en la universidad de la ciudad de Nueva York. Durante ese semestre, su aula estaba en el ala de ciencias. No quería interrumpir su clase, por lo que me quedé esperando que el reloj marcara el final de la hora y que mi amigo me encontrara en el pasillo.

Mientras daba vueltas, descubrí el frasco. De lejos, parecía parte de todas las exposiciones de ciencia que he visto en universidades y museos: una caja sólida, etiquetas, información escrita a máquina en una tarjeta y pegada junto a la pieza.

Cuanto más observaba, más me intrigaba: ¿Un vegetal? ¿Un corazón quizá? ¿Un mono? No. Un bebé. Un varón. Tenía los ojos cerrados y una parte del cordón umbilical todavía estaba adherida.

Recuerdo haber leído hace mucho tiempo un pequeño titular en el diario: "Al hombre de Neanderthal le gustaban las flores". Los antropólogos descubrieron flores recogidas prolijamente y dispuestas junto a los huesos casi fosilizados de un antiguo picapedrero.

Cuando miré el bebé, me hice estas preguntas: "¿Por qué no lo enterraron? ¿Dónde estaba su madre? ¿Quién fue su padre? ¿Quién lo metió en el frasco? ¿El frasco ya estaba lleno de formaldehído, o deslizaron primero al bebé en el frasco y luego derramaron el líquido a su alrededor? ¿Por qué lo pusieron al revés? ¿De qué manera esa muestra puede hacer que la ciencia progrese?".

Hay una poesía maravillosa del poeta americano Wallace Stevens, *Anécdota del frasco*, que empieza así: "Puse un frasco en Tennessee, todo redondo él, sobre una colina". El poema describe cómo un solo objeto puede representar el centro de todas las cosas. "Tenía dominio sobre todo", escribe Stevens.

Las flores eran importantes para los hombres y mujeres de la Edad de Piedra. Cuando pienso en el frasco que vi en Manhattan, me pregunto: ¿Qué es importante para los hombres y mujeres de esta era moderna? ¿Hasta dónde hemos llegado? ¿Qué tiene dominio sobre todo hoy?

Da la impresión de que estamos buscando respuestas a nuestros problemas y oraciones en la ciencia y el modernismo. Las respuestas a la vida y sus misterios no se encuentran en los tubos de ensayo, en las investigaciones médicas o en los tribunales; están esperando por usted en el cielo, en la mano de Dios.

Imitar a Dios

Un tiempo para callar y un tiempo para hablar.
ECLESIASTÉS 3:7

Hace poco, le pregunté a un amigo cómo había decidido ser profesor. Lleva veinticinco años enseñando inglés en un colegio secundario.

—Mi madre era sorda —me explicó mi amigo—. Hasta los cinco años más o menos, no supe que era sorda. Estaba parado junto a un lago y los gansos se deslizaban para posarse en el agua lisa y silenciosa. Empecé a imitar el sonido de un ganso y me volví hacia mi madre para ver qué le parecía mi graznido. Ella estaba sentada sobre una manta, leyendo un libro.

"¡Honk, honk, honk! , repetí, esforzándome por ser un verdadero ganso. Hasta desplegué mis brazos y estiré el cuello. Mi madre seguía leyendo. Pensé que estaba enojada conmigo y grazné más fuerte aún. Asusté a todos los gansos del lago, todos juntos empezaron a aletear, y se fueron haciendo un ruido terrible.

"Miré cómo las sombras de las aves avanzaban sobre el agua, se escurrían hacia la costa, pasaban sobre mí y luego sobre mi madre. Sólo entonces alzó la vista. Se levantó y agitó el libro en dirección a los gansos que pasaban.

"Por primera vez noté que, lo que ella veía y hacía, no tenía conexión con lo que oía.

"Cuando era adolescente, le pregunté a mi madre quién era la persona que estaba en la foto enmarcada sobre la pared de la cocina. Es curioso cómo podemos estar rodeados de cosas y no conocer su verdadero significado. A mamá le encantaban las antigüedades. El teléfono de su cocina era una pieza original de los años 20. Le gustaba el empapelado con temas de granja. La foto era de una mujer vestida con ropa de fines del siglo XIX y comienzos del XX. Yo creía que la imagen era un adorno más agregado al ambiente de otra época que mamá había creado en la cocina.

"—Esa foto —me explicó mi madre— es de Annie Sullivan. Fue la maestra de Helen Keller.

"—¿Quién es Helen Keller? —pregunté yo ingenuamente. Mamá me contó entonces la famosa historia sobre la chiquilla que contrajo una fiebre y de pronto sufrió la pérdida del oído, la vista y el habla.

"—Era una chica brillante presa dentro de su cuerpo sellado. Nadie podía atravesarlo, ni sus padres ni su hermano ni sus amigos. Pero una joven maestra, Annie Sullivan, entró en la casa de Helen y, con mucha paciencia, trabajo y amor, pudo llegar al interior de la niña perdida y traerla de nuevo al mundo del amor. Annie enseñó a Helen el lenguaje, y entonces ella aprendió a leer y escribir. Helen llegó a ser una mujer famosa que dio charlas en todo el país en nombre de la educación, la fe y la perseverancia.

Cuando mi amigo ingresó en la universidad, su madre descolgó la foto de la cocina y se la dio a él. Quería que se llevara algo de la casa que pudiera colgar en la pared de su cuarto en la universidad.

—Esa foto —me explicó mi amigo— está colgada entre mi diploma y mi certificado de enseñanza. Y cada vez que oigo gansos a lo lejos, pienso en el silencio de mi madre leyendo… leyendo… leyendo.

Dios nos da todos los talentos que imitan Su obra. Una mujer que ama a sus hijos imita el amor de Dios por nosotros, Sus hijos. Un maestro que inspira a sus alumnos imita la habilidad de Dios para enseñarnos el conocimiento de la salvación.

Continúe enseñando hoy a aquellos que necesitan saber y siga amando a quienes necesitan ser amados, pues así seguirá imitando a Cristo y eso lo cambiará todo.

Nuestros pensamientos no son Sus pensamientos, como tampoco lo son nuestros planes

…cómo vosotros habéis manifestado vuestro amor con fatigas.
1 Tesalonicenses 1:3

¿Alguna vez dispone usted de un fin de semana sin nada agendado, un fin de semana libre para hacer todo lo que quiera? Cuando llegué a casa del trabajo un viernes a la tarde, no hace mucho tiempo, me saludaron los chicos excitados con sus "nuevos" cuartos. Roe los había ayudado a reorganizar sus camas y armarios.

—Ven a ver mi cuarto primero —dijo Karen, mientras me tironeaba de la mano derecha.

Michael se cayó al suelo y gritaba:

—¡No, ven a ver primero el mío!

Yo estaba contento de que fuera viernes a la tarde. Esperaba tener un fin de semana apacible.

—Michael, dame la mano y llévame arriba. Veremos primero el cuarto de Karen y después el tuyo.

Mientras subía, Karen insistió en que cerrara los ojos hasta entrar en su habitación. Quería que apreciara el efecto completo de su nuevo aspecto.

—Bueno, papá, ya puedes abrir los ojos.

Su cama estaba ahora donde antes había estado el armario. Y el armario estaba donde había estado la cama.

—Me encanta, Karen. ¿Te ayudó mamá?

—Sí —dijo mi hija, al mismo tiempo que se tumbaba en la cama, se hacía un ovillo y se reía.

—Vamos, ¡ven a ver mi cuarto! —gritó Michael—. Cierra los ojos.

Una vez más fui llevado hasta un cuarto.

—Muy bien, ahora ábrelos —rió Michael.

Nuevamente, la cama y el armario estaban invertidos. Me senté en la cama de Michael. Roe hizo otro tanto. Michael empezó a saltar sobre la cama cuando oí un pequeño crack.

—¿Qué fue eso? —preguntó Roe rebotando una vez más en la cama.

¡C-R-ACK! La parte trasera de la cama se había caído.

Me levanté y me agaché para evaluar los daños. Esperaba ver una pata rota; lo que vi, en cambio, fue que la pata trasera de la cama había traspasado el piso.

—¡No lo puedo creer! ¡Se rompió el piso!

Bueno, era todo lo que Karen necesitaba oír. Empezó a llorar.

—Yo no quiero caerme por el piso.

La mente de un niño funciona en rojos y amarillos, en la luz y la oscuridad. El miedo de un niño es una combinación de fuegos artificiales y misterios.

—No te preocupes, Karen. Sólo se rompió un pedacito de piso. Fue un accidente. Yo puedo arreglarlo.

El constructor original, en 1929, no había ensamblado los listones de roble contra el piso. La madera estaba sostenida por las ranuras a cada lado de las piezas de madera adyacentes. Cuando Roe cambió la posición de la cama de Michael, simplemente colocó la pata derecha trasera sobre la sección débil del piso.

Miré el agujero. Michael quería ver toda la cama atravesando el techo del comedor. Roe llevó a Karen abajo.

¿Se acuerda de esa escena en la película *Qué bello es vivir,* cuando Jimmy Stewart sube corriendo la escalera y se agarra de la parte rota de la baranda?

—Vaya, vaya, vaya —dije en voz alta con mi tono estilo

Jimmy Stewart sin dirigirme a nadie en particular—. Qué suerte que no tenemos nada previsto para el fin de semana.

Salí de la habitación y me dirigí al sótano para ver si tenía alguna madera que se ajustara a mi proyecto para el fin de semana.

Mi idea para el fin de semana era simplemente descansar. No era ésa la idea de Dios. ¿Cómo reaccionamos cuando las cosas no salen como pensábamos? ¿Nos enojamos? ¿Culpamos a Dios? Aproveche hoy la oportunidad de saludar su primera intrusión no planeada como un desafío de transformar la sorpresa en una fatiga de amor para Dios.

Prudentes en la ambición

*El temor del Señor es escuela de sabiduría, y la humildad
precede a la gloria.*

PROVERBIOS 15:33

Mi padre me hizo una espada de madera con un largo
pedazo de pino. Me gustaba lo suave que era la punta
de la espada, lijada en curva, y cómo se balanceaba en mi mano.

Una primavera, mi espada y yo entramos en el bosque
que había detrás de casa, donde crecían grandes aráceas y los
árboles eran altos y crujían con cada movimiento del viento
distante.

Durante mis aventuras, mantenía la espada sujeta al cinturón de mis jeans, hasta que enfrentaba los arbustos de espinas
que atacaban mis medias, o la enredadera trepadora que me
rozaba la cara.

Esa tarde, desenvainé mi espada y golpeé los arbustos y
las enredaderas. Corté la gran arácea por la base del tallo y vi
cómo caían las hojas como globos desinflados. A un niño
solo en el bosque le gusta creer que es el poder central: al
llenar de piedras un arroyo, o cuando arroja granos a un
cuervo distante, marcando su pisada con fuerza en el barro
blando. Yo era Hércules defendiendo mi vida contra los
yuyos. Era Daniel Boone tratando de hacer que el oso saliera
de la madreselva. Era Merlin transformando el oso en mi gata
gris, que maullaba cuando la llamaba.

En un momento dado, me topé con un árbol seco. Su
corteza se estaba pelando. Tenía las ramas duras y muertas.
"Esta columna romana necesita el empellón del dios de la
selva", grité. A los once años me gustaba leer los mitos grie-
gos y romanos.

Me incliné sobre el tronco y empecé a presionar con todo mi cuerpo hacia adelante y hacia atrás contra el árbol seco. Rápidamente, éste empezó a ceder. Me dio la sensación del movimiento de un caballo, un movimiento que adquiría cada vez más y más energía con cada presión de mi cuerpo.

De pronto había vida allí donde unos instantes antes había habido madera seca plantada como un esqueleto erecto. Entonces oí un leve crujido. Seguí hamacando el árbol hacia adelante y hacia atrás, aceptando mi conquista cercana. Desde lo más profundo del tronco del árbol, oía más ruido de fracturas, como cuando saltan astillas y el fuego crepita por fin, con un empujón final, el árbol se quebró en la base con un fuerte "crack" y cayó al suelo.

Saqué mi espada y me subí a la serpiente inmóvil para proclamar mi victoria por Inglaterra y por Roma sobre todo lo que es malo y amenazador para los chicos mientras apoyaba mi pie con firmeza sobre el tronco circular.

En ese momento vi el agujero. Era el agujero de un pájaro carpintero, redondo y oscuro. Hundí mi espada en el piso y trepé al tronco del árbol. Acerqué mi ojo derecho al agujero y cerré el izquierdo. Podía ver pasto seco.

Puse mi dedo índice en el agujero, enganché el pulgar contra la parte externa del árbol y tiré y tiré hasta que la pared exterior del árbol se rompió bajo la presión de mis dedos y puso al descubierto el interior del agujero. La luz reveló una pelota redonda de pasto semillas y ramitas.

Usando los dedos como tenazas, desarmé con cuidado la pelota de pasto. Unas semillitas cayeron al suelo. En el centro del nido, encontré un ratón gris muerto enrollado en una bola de orejas, patas, cola y piel. No era la caída del árbol la que había matado a la rata, pues estaba fría y rígida. "A lo mejor se congeló en el invierno", pensé.

Puse el ratón en mi mano abierta. Qué insignificante me sentí. De repente Inglaterra estaba perdida. Levanté una piedra chata, cavé una tumba no muy profunda, puse el ratón en la tierra abierta, cubrí el agujero y luego coloqué la piedra chata sobre la tumba.

Recogí mi espada, volví a encajarla en el cinturón y emprendí el camino a casa, asegurándome de no aplastar las aráceas inclinadas en silencio a mi derecha y a mi izquierda.

Cuando nació Jesucristo, Él nos enseñó la humildad. Nos enseñó a dejar de lado nuestros comportamientos absurdos y a seguirlo. A veces, nos cuesta reconocer que nuestras ambiciones no son nada si son egoístas. El poder ganado sin sabiduría y amor es un poder malo.

Eche hoy un vistazo a sus ambiciones. Pregúntese: ¿Trato de lograr un ascenso porque estoy siguiendo la voluntad de Dios? ¿O bien la de Herodes?

Hemos sido instruidos en todas las cuestiones del amor

Escucha a tu padre, que te engendró, y no desprecies a tu madre cuando sea vieja.

Proverbios 23:22

Hace muchos años, cuando era chico y creía en la magia y en los secretos de la selva y en gigantes y cabras que hablaban, mi padre me preguntó si quería encontrar semillas que explotaran.

Siempre me gustaron los petardos, la madera que crepita en la chimenea, el ruido del escape de un camión. En cierto modo, las semillas y la explosión no encajaban, pero estaba dispuesto a ir con mi padre porque él tomó su bastón, lo cual indicaba una vuelta por el jardín que siempre significaba una aventura.

—¿Las semillas hacen ruido cuando explotan? —pregunté.

—Bueno, Chris, depende del tipo de explosión que esperes —dijo mi padre agachándose para atar el cordón de mi zapato derecho.

Después de atar mi zapato, me entregó su bastón y salimos por la puerta de atrás, cruzamos la galería y bajamos los escalones de madera.

Es probable que, a cierta edad, todos los chicos reconozcan que sus padres son vulnerables, débiles, capaces de cometer errores, pero yo sigo creyendo que mi padre es el hombre más fuerte del mundo, el más inteligente y el mejor guía para cualquier viaje en ruta o por el jardín.

—Christopher, mira esa mariposa. Aprendió a volar justo antes del gran diluvio.

—¿Cómo lo hizo? —pregunté, sin saber nada sobre un gran diluvio.

—Porque las mariposas tienen largas antenas y pueden sentir que el agua está cerca si golpean las antenas entre sí.

También creía todo lo que mi padre decía.

—Bien. Unos días antes del gran diluvio, la mariposa sintió una picazón entre sus antenas. Aunque todavía no era una mariposa; era solamente un gusano largo con anchos brazos para aletear, muy parecidos a los tuyos cuando te pones una de mis camisas. La mariposa iba caminando así. —Mi padre se abrió entonces la chaqueta y la extendió contra sus brazos como una mariposa con las alas caídas, después se agazapó un poco e hizo un sonido de mariposa que camina lentamente, algo así como "smush, suich, smush, suich".

"Mientras la mariposa caminaba por el camino ese día, sintió esa picazón entre sus antenas y pensó: 'Pronto lloverá durante mucho tiempo'. Y la mariposa sabía que se iba a ver en apuros.

Se imaginará usted lo que significaba semejante historia para un niño que camina junto a su padre. Me olvidé de que me llevaba a ver semillas que explotaban.

—Cuando la primera gota de lluvia tocó a la mariposa, ésta saltó asustada. Cuando volvió a golpearla otra gota, la mariposa batió un poco sus brazos y se separó del suelo durante un segundo. Cada vez que el agua la golpeaba, la mariposa batía sus alas más fuerte y se levantaba en el aire cada vez más alto. Para el momento en que la lluvia empezaba a llenar todo el valle, la mariposa ya había aprendido cómo sostenerse en el aire todo el tiempo que quisiera.

"Llegó el diluvio y la mariposa se salvó. Desde ese entonces, todas las mariposas supieron volar.

Cuando mi padre terminó de contarme la historia, la mariposa del jardín había desaparecido detrás de los helechos y estábamos a la orilla del bosque.

—Ahora, Chris, ¿puedes encontrar las semillas que explotan? —dijo mi padre.

Miré a mi alrededor buscando alguna cosa que tuviera una mecha o que pareciera una bomba negra como las que había visto en los dibujos animados de la televisión. Lo único que veía eran flores de naranjo en forma de conitos y vainas verdes colgando bajo las flores.

—Estírate y con suavidad saca una de esas bolsitas que cuelgan junto a las flores de naranjo —sugirió mi padre.

Me estiré, abrí mis dedos índice y pulgar y lentamente los cerré alrededor de la pequeña vaina verde. No bien toqué la semilla, chasqueó y se desenrolló rápidamente. No hubo ninguna explosión, pero yo salté para atrás esperando que algo me lastimara. Mi padre se rió.

—Ésa es la hierba de Santa Catalina —dijo—. Saluda a la hierba de Santa Catalina.

Mi padre me enseñó a hablar con las flores, los gatos y los árboles.

—Hola, hierba de Santa Catalina —dije, estirando la mano y tomando con mucho cuidado otra semilla. Esta vez no se rompió. Despacito la puse en la palma de mi mano y la toqué con el dedo hasta que se abrió.

—Semillas que explotan, Christopher —dijo mi padre, y empezó a caminar de regreso a casa.

Iba mirándolo caminar más adelante cuando volvió a aparecer la mariposa y voló alrededor de su cabeza. Estaba seguro de que la mariposa había saludado a mi padre pues él le respondió: "Hola. Sí, es un bellísimo día".

La mariposa siguió flotando en el jardín hasta posarse sobre una flor amarilla y mi padre agitó su bastón en el aire para llamarme a comer.

A veces olvidamos dónde aprendemos nuestras lecciones. A veces no sabemos cómo llegamos a ser la persona que somos hoy. Así como Dios "hizo portentos memorables" (Salmo 111:4), también aquellos que amamos convirtieron en memorables esas simples maravillas que hoy nos mantienen en paz con el Señor.

Viernes Santo

El que no toma su cruz y me sigue, no es digno de mí.
MATEO 10:38

Para mí, el Viernes Santo significa silencio. Cuando era chico, mis padres insistían en que, en ese día, los chicos camináramos por la casa sin hacer ruido. Nada de televisión. Nada de radio. Nada de grabador. Nos pedían que no jugáramos a ningún juego.

Recuerdo haber estado sentado la mayor parte de una tarde de Viernes Santo en el escritorio de papá. Era escritor y pasaba muchos días en lo que nosotros llamábamos el mirador.

Ese Viernes Santo me sentí solo. No oía a mis hermanos. La televisión estaba apagada. El grabador de mi hermana no retumbaba en el pasillo.

Recuerdo que estaba sentado en un gran sillón gris que se desplegaba y se hacía cama. Era un sillón incómodo: lleno de bultos y con resortes. Empecé a contar los hilos salidos desparramados en la parte trasera del sillón.

Lo único que recuerdo, fuera de eso, es que estaba totalmente oscuro. Me había dormido y me desperté horas más tarde envuelto en una manta.

Obviamente, era plena noche. Las luces de la casa estaban apagadas. No había nadie abajo. Me asusté, tenía miedo de moverme del sillón o de llamar a mi padre en medio de ese silencio.

Cada Viernes Santo, pienso en un niño solo debajo de su manta con las mejillas apretadas contra la superficie áspera de un viejo sillón. Pienso en la oscuridad, y en el silencio, y en la manta con la que mi padre me había envuelto para protegerme del frío.

Cristo soportó el mayor silencio y la mayor oscuridad un Viernes Santo de hace mucho tiempo para que nosotros también sepamos dónde y cómo cargar nuestra cruz. Somos hijos de Dios que necesitamos la manta de Su muerte en la cruz para nuestra salvación.

¿Cómo carga usted su cruz? ¿Baña a su hijo gravemente discapacitado cada mañana y observa cómo corre el agua fresca por sus brazos? ¿Endereza en la pared la foto torcida de su propia madre que murió hace muchos años? ¿Siente la cuchara fría de metal en la lengua cuando toma su medicación con la confianza y la alegría de que el nuevo día está a la vista para usted?

Si observa atentamente la rutina de su sufrimiento hoy, descubrirá su propia manera vigorosa de manejar esta carga.

Cristo nos mira

Tranquilizaos. Soy yo, no temáis.
MATEO 14:27

¿Le da miedo la imagen del Señor? Espero que no. Porque hasta donde yo recuerdo, la cara de Cristo siempre me miró.

Una noche, mi padre volvió a casa del trabajo con un objeto pesado envuelto en una manta oscura. Era un retrato de Cristo, ruso, del siglo XII.

Durante su pausa de ese día, para comer, recorriendo los negocios de antigüedades de Nueva York, mi padre había encontrado ese objeto hecho en esmalte azul taraceado. La imagen de Cristo estaba fundida en bronce.

El fin de semana, mi padre montó el retrato de bronce y esmalte sobre un pedazo de roble que tenía en el sótano y lo colgó encima de la estufa.

La imagen de Cristo vio todos los regalos de Navidad que recibí, escuchó todas las conversaciones que mantuve con mi familia y observó todas las horas que yo pasé en la casa de mi infancia.

Cuando mi mujer y yo nos casamos y nos mudamos a una casa de dos ambientes, fui sin decir nada a un negocio de cuadros y marcos. Pedí una reproducción de un retrato de Cristo del siglo XII similar al que había comprado mi padre. Traje la imagen a casa a las pocas semanas, pegué el poster sobre un pedazo de roble y cubrí la imagen con una delgada capa de barniz; luego colgué mi cuadro en la casa de mis hijos todavía por nacer.

La imagen de Cristo en la casa de mi padre sonríe. La imagen de Cristo en mi casa también sonríe.

Hoy, al emprender su ajetreado día, acuérdese de no tenerle miedo al Señor. Él quiere estar con usted. Quiere mirar todo lo que usted hace. Quiere oír su risa.

El Dios de los pacientes

Felices los pacientes, porque recibirán la tierra en herencia.
MATEO 5:5

 El poema La flor, de Alfred Lord Tennyson, contiene los siguientes versos:

Te tengo aquí, con raíz y todo, en mi mano
pero si pudiera entender
qué eres, con raíz y todo,
sabría qué es Dios y qué el hombre.

Pocos son los que pueden entender estos versos mejor que los padres de un hijo retardado.

En la casa donde mi crié, mis padres pasaron treinta y dos años cuidando el cuerpo inválido, ciego, mudo y con el cerebro dañado de mi hermano Oliver. Él estaba "con raíz y todo" en sus manos. Pasaron treinta y dos años tratando de entenderlo.

¿Sabe cuántas veces un padre lleva a su hijo deficiente mental de un lugar a otro? ¿O lo conduce a la mesa? ¿O lo alza durante una convulsión?

Mis padres siempre tuvieron que levantar a Oliver de la bañera, llevarlo afuera para que descansara envuelto en una manta bajo el sol, darlo vuelta en la cama.

Ahora, supongamos que alguien pudiera incorporar el gesto de una madre sosteniendo a su hijo con el cerebro gravemente dañado mientras lo calma en medio de la noche.

Se ha fundado todo un movimiento nacional e internacional en base al simple gesto del abrazo. "Te tengo aquí, con raíz y todo."

Ninguna organización que yo conozca ilustra mejor el poder del abrazo que las Olimpíadas Especiales.

En un encuentro de las Olimpíadas Especiales al que asistí oí un silbato. Me di vuelta y vi a cinco o seis corredores parados, quietos, esperando el disparo de largada.

Silencio. Silencio. ¡Bang! Se largó la carrera.

Todos los chicos empezaron a correr. Un jugador especial enseguida se volvió hacia el público y sonrió; otro movía los brazos en distintas direcciones como cabos sueltos. Después, con gesto decidido, se alejó corriendo.

Una chica corría con los pies apuntando hacia arriba. Cada uno de los atletas corrió, caminó o cruzó lentamente, con coraje, la línea de llegada, donde fueron individualmente saludados por "abrazadores" oficiales: policías, padres, madres, agentes de seguros, abogados, capataces, adolescentes; todos voluntarios. Vi cómo el público se inclinaba hacia adelante deseoso de dar un empujón invisible a cada corredor.

En otra ocasión, una chica puso un pie y luego el otro en la viga de equilibrio. Esa jugadora especial miró a su entrenador pidiéndole ayuda con los ojos. Luego miró al público, saludó con los brazos y recorrió el tablón angosto paso a paso con sus medias blancas.

Sus piernas se tambalearon. Giró lentamente, se agachó, se deslizó, recobró el equilibrio, se incorporó, se volvió hacia la multitud, saltó de la viga en medio del aplauso de cada una de las personas que estaban en las tribunas.

¿Qué hay detrás del éxito de las Olimpíadas Especiales? La gente que adhiere públicamente a la raíz y al tronco mismo de la vida, tal vez.

John, un jugador especial de Glendale, Rhode Island, dijo: "Me gustan las Olimpíadas Especiales porque me hace sentir bien por dentro, estar con otros jugadores especiales, saber que todos hicieron el máximo posible y saber que todos ganan y se aman entre sí".

Me asombran el Dios y el hombre que se nos revelan una y otra vez en el abrazo de las Olimpíadas Especiales.

Simples maravillas

Detente y contempla las maravillas de Dios.
JOB 37:14

No sé nada de los hábitos de las mariquitas. Al parecer, tienen una especie de cascarita de arveja, alas rojas, y sobre cada ala igual proporción de puntos rojos.

En un tiempo creía que las mariquitas vivían en los dientes de león.

Realmente, sentía pena por esa mariquita que debía regresar de prisa porque su casa estaba en llamas y para mi cumpleaños me regalaron una vez un cepillo para lustrar zapatos en forma de mariquita.

Mi vieja amiga Rosie, de la calle Mallison, me explicó una vez que las mariquitas, no las cigüeñas, son las que traen a los bebés. En una oportunidad leí que la mariquita puede ayudar a una muchacha a encontrar a su enamorado. La joven se pone el insecto en la punta de los dedos y le da instrucciones para que vaya a su casa. Cuando la mariquita vuela, la muchacha debe seguirla al lugar donde espera el joven.

Si encuentras una mariquita en tu vestido, tu madre te comprará otro nuevo muy pronto. Según el folklore, la mariquita anuncia el mejor momento para empezar la cosecha y por donde anduvo el ganado.

Hace un mes, descubrí una mariquita en la parte superior de la pared sur del baño. No se movió ni una sola vez. Todas las mañanas, después de ducharme, miro hacia arriba para verificar si sigue allí, sobre las flores de durazno del empapelado.

¿Está viva todavía? ¿Una mariquita puede aferrarse a una pared durante un mes? No quiero molestarla. ¿Hibernan? ¿Qué come una mariquita? ¿Pulgones? En el baño no hay pulgones.

Durante el día no pienso en la mariquita, pero después de mi ducha matinal, miro hacia arriba y ella sigue allí. ¿Me mira? ¿Puede ver? De todas las mariquitas que han existido, ¿por qué está llegó al baño?

La superstición dice que, si uno encuentra una mariquita en su casa en invierno, pronto recibirá dinero.

Oráculo del amor, amiga de los agricultores, seductora de chicos en el patio. Me gusta lo que hemos hecho los seres humanos con muchas de las cosas que nos rodean. Damos nombre a las cosas, creamos mitos e historias acerca de ellas, admiramos sus colores. Todos somos de alguna manera científicos que observamos lo que está a nuestro alrededor.

En el baño hay una claraboya y anoche noté que la luna alumbra directamente la pared donde está la mariquita. Cuando fuerzo la vista en la oscuridad, veo un punto vago en la pared.

Hasta ahora, nadie más en la casa descubrió mi mariquita. Es mi secreto

Es mía bajo la luz de la luna.

¡Dios creó el universo! ¡Creó las estrellas! ¡Los cielos! ¡Creó el Gran Cañón! ¡Las Cataratas del Niágara! Todo lo que es espectacular fue creado por Dios. Pero fácilmente podemos olvidar que Dios también creó la simple hoja de pasto y la partícula más pequeña de polvo que flota bajo la luz del sol en la habitación.

No deberíamos olvidar que Dios es el Creador de todas las cosas, grandes y pequeñas, incluso la mariquita.

Tómese un momento de este día y vea si puede reconocer el trabajo artesanal de Dios en la cosa más insignificante: una sola hebra de su pelo o una gota de agua en la ventana. Si observa con suficiente atención, descubrirá la huella digital de Su pulgar.

Vivir una vida de ternura

Tratad de imitar a Dios.
EFESIOS 5:1

Creo que en esta última primavera cometí un enorme error. Mientras el aire frío del verano lentamente iba perdiendo su poder sobre la tierra sumisa, las hormigas de la parte norte del jardín volvían a la superficie y reanudaban su construcción del otoño anterior.

Los agujeros en la tierra entre las hojas frescas de pasto daban la sensación de que alguien había clavado un lápiz cientos de veces en el suelo.

Como no quería tener una invasión de hormigas en la casa, herví una enorme cacerola de agua en la cocina. Después, levanté la cacerola tomándola de las dos asas de plástico, y transporté el agua humeante hasta los hormigueros.

Estaba vertiendo despacito el agua hirviendo en los agujeros, cuando Michael apareció por un costado y me preguntó:

—¿Qué estás haciendo?

Rápidamente dejé de echar agua, en la esperanza de poder justificarme, pero Michael dijo:

—Oh, es fantástico, ¿puedo hacerlo yo?

Como padre, he tratado toda la vida de enseñar a mis hijos respeto por la vida en todas sus formas. Sin embargo, a veces, cuando nadie miraba, pisaba las arañas en el sótano, les echaba spray a las abejas en el desván y hervía hormigas.

—Déjame echar a mí, papá. —Miré a mi hijo, que ama a los animales, y luego fui y tiré el agua en el cantero más próximo.

—¿Por qué haces eso? —preguntó Michael.

—Creo que, después de todo, podemos vivir con las hormigas.

111

—Está bien —gritó Michael desde la otra punta del jardín, pues ya iba camino a la casa de Mat.

Al día siguiente, al mirar por la ventana, vi un cuervo parado en medio de los hormigueros, picoteando su aperitivo recién descubierto. Empujé la ventana de la cocina y grité:

—¡Vete!

El cuervo pegó un salto con sus delgadas patas y salió volando.

Esa noche, en la cena, Roe dijo:

—No entiendo qué pasó en el cantero. Las flores están todas marchitas.

—Las hormigas —dijo Michael antes de engullir un vaso de leche.

Jesús tenía un lado compasivo y bondadoso para consigo mismo. Nos dejó ese ejemplo como un indicador hacia el cielo y hacia Dios. "Tratad de imitar a Dios, como hijos suyos muy queridos. Praticad el amor." (Efesios 5:1-2)

Es posible que las cosas no siempre salgan como las planeamos —con hormigas, canteros de flores y todo lo demás—, pero tome hoy la firme decisión de imitar a Jesús en una vida de amor, en las cosas grandes y pequeñas.

Soñar, imaginar, volver a soñar

¡A Aquel que es capaz de hacer infinitamente más de lo que podemos pedir o pensar, por el poder que obra en nosotros, a Él sea la gloria en la Iglesia y en Cristo Jesús, por todas las generaciones y para siempre! Amén.

EFESIOS 3:20—21

Había una caja. No recuerdo cómo apareció en mi vida. Acumulamos objetos creados por manos humanas. Nadie puede predecir la naturaleza del capricho de un niño. Ama un palito torcido del jardín del mismo modo que está fascinado por un aparato eléctrico de acero y hierro, que bufa y resopla sobre rieles grises en el piso del living.

Mi caja tenía forma de rectángulo y medía unos sesenta centímetros de ancho por treinta de alto. Era el tamaño exacto para que un chico la llevara de un cuarto a otro, el tamaño exacto para guardar autos de metal con ruedas de goma y anillos falsos con esmeraldas de vidrio, sacados de esas maquinitas en forma de burbuja ubicadas en los postes metálicos que esperan a los chicos en la puerta del mercado.

Guardaba esa caja de madera debajo de la cama, a mi alcance en todo momento, sobre todo antes de dormirme. Guardaba mis revistas de *Superman*, una pipa que había encontrado en el garaje, bolitas (transparentes y de colores, las más raras del barrio), una chicharra, una lapicera con cabeza de indio, una vela, mi colección de palitos de helado (útil para armar balsas pequeñas para el lago todos los veranos). Todas esas chucherías estaban seguras guardadas en mi caja.

Pero había algo más, cosa que ocurre en general con los chicos, algo que va más allá de lo que ellos esperan. Esta caja tenía una característica a la que yo no le presté demasiada atención al principio. Ahora que miro hacia atrás, me doy cuenta de que nunca comprendí lo mucho que significaba para mí la ilustración coloreada.

Abra la caja y le mostraré mis velas y mis bolitas, y más. Ahora le mostraré la imagen pegada en el interior, detrás de la tapa: la imagen de un barco alto amarrado a un muelle. Este barco pertenecía a una época remota, cuando el viento llevaba el comercio de un mar a otro en los pliegues de velas gigantescas sostenidas con gruesas sogas atadas a sólidos mástiles

Mire con atención. Suba. ¿Ve los colores del cielo? Me gusta el azul y la forma en que se ve el reflejo del barco en el agua, como una imagen deformada. Tal vez el capitán esté sentado detrás de su puerta. Si mira de cerca, hay una luz amarilla del otro lado de la ventanita.

¿Puede sentir la cubierta? ¿Hay humedad en sus dedos? Aquí, toque suavemente la madera. Yo imagino que mi dedo es un hombre invitado a hacer un gran viaje. En general empiezo por la izquierda y camino despacio hacia la derecha hasta que el cocinero aparece en su puerta y me da una naranja. Una vez imaginé una gaviota y transformé el canto de un gorrión que estaba en el patio en el graznido de una gaviota.

Es mejor que se recueste boca arriba y ponga la caja sobre su estómago (en esa posición, resulta más fácil imaginar). Con la cabeza en la almohada, me gusta hamacar despacito la caja, hacia adelante y hacia atrás, y medir la fuerza de mi barco ante la tormenta que se avecina. Puedo ver —ver de verdad— las olas que chocan contra el casco. Hay un niño oculto en un barril de pickles vacío mientras el viento brama. El capitán grita que bajen las velas. ¿Ve? Y justo en ese momento una ballena —siempre se puede contar con una— salta junto al barco y hay arpones y sirenas, y rayos y lluvia y truenos, y tengo miedo, aunque no lo admito.

—¡Chrissy! ¡A comer!

Cierro la tapa de golpe —¡bang!—, deslizo la caja otra vez bajo la cama, salto a la alfombra, me pongo de pie, me bamboleo con mis pies de marino (mi hermano mayor me habló de los pies de marino).

Hubo una caja que contenía las primeras lecciones para imaginar más allá de las paredes de mi cuarto. Nunca navegué en un barco mejor ni encontré un barril de pickles más apropiado.

Somos las únicas criaturas de Dios nacidas con imaginación. Podemos volar, respirar debajo del agua y crear música como Mozart en nuestra imaginación.

Imagine, hoy, cómo será estar sentado algún día junto a Dios y compartir una taza de té con Él.

Revelaciones

He de revelaros un misterio: No todos vamos a morir, pero todos seremos transformados; en un instante, en un abrir y cerrar de ojos.

1 Corintios 15:51

Mientras el avión volaba rumbo al sur, bebí mi agua y puse el vaso en la bandeja de plástico que chocaba contra mis rodillas. Iba de Seattle a Washington en viaje a Los Angeles, otra visita necesaria para escribir mi libro.

Después de escribir un artículo sobre mi hermano Oliver, ciego, mudo, retardado e inválido que salió en el *Wall Street Journal,* cientos de personas me escribieron cartas relativas a las personas indefensas que había en sus vidas. Mi intención era reunirme con algunas de ellas, entrevistarlas y escribir un libro. Fue lo que hice. Recorrí el país, entrevisté a una pareja en Rhode Island sobre su hija que vivió sólo un día. Entrevisté a una familia en Washington, D.C. Les hice preguntas sobre su hijo Anthony, que había nacido con la mitad del cerebro fuera de la cavidad craneana. Volé a Ohio y Michigan. En Seattle, entrevisté a un ministro, Dan, que me habló de su hermano Paul, el indefenso, extraño y retardado Paul... Paul, quien, de pronto, se convirtió en el hermano fuerte y bello de Dan. Una historia extraordinaria. Una historia simple.

Después de entrevistar a Dan en Seattle, tenía que hacer una visita más a una familia en Los Angeles.

Iba sentado en el asiento junto a la ventanilla. El avión estaba en su mayor parte lleno de empresarios y viajantes de comercio. A mi lado iba un hombre de traje azul. Nos presentamos. Él trabajaba en una compañía de teléfonos. Yo era escritor.

Durante el vuelo, nos dieron revistas y nos ofrecieron refrigerios y bebidas. Yo estaba cansado. Mi viaje a la costa oeste, mi único viaje a la costa oeste abarcó dos días. Salí del Aeropuerto Internacional de Newark en Nueva Jersey un miércoles, llegué a Seattle, llevé a cabo una entrevista, pasé la noche, volé a Los Angeles, hice otra entrevista, me quedé esa noche y volé de regreso a Nueva Jersey a la mañana siguiente.

En el avión con destino a Los Angeles iba hojeando una revista sin prestar demasiada atención a nada. Me volví, miré por la ventanilla, y había algo. Froté el vidrio. Seguro que había algo a lo lejos, más allá de las nubes, en el nivel de las nubes con el avión.

Sabía que estábamos a miles y miles de metros en el aire y, sin embargo esa cosa, ¿qué era? Era indudable que ese objeto enorme estaba al mismo nivel que el avión.

Me volví al empleado de la compañía telefónica.

—John, ¿qué es eso?

Se inclinó hacia adelante, miró por la ventanilla esquivándome y volvió a echarse hacia atrás en su asiento con una débil sonrisa:

—Oh, es sólo el monte Shasta.

—¿Qué es, una montaña?

—Claro. Lleva mucho tiempo ahí.

Mi vecino me contó que había hecho esa ruta cientos de veces.

—Supongo que uno se acostumbra a lo que ve siempre.

El monte Shasta, una masa de piedra y nieve… del otro lado de la ventana. Mientras bebía mi agua y leía mi revista, el monte Shasta crecía más y más.

Apreté la nariz contra la ventanilla y vi cómo la montaña iba quedando atrás. Miré todo el tiempo que pude, hasta que la montaña se transformó en nubes y niebla del otro lado de mi ventanilla y desapareció.

Un misterio rodea la aparición de mi hermano Oliver en la vida de mis padres, el misterio de nuestras vidas surgiendo de la niebla, el misterio de una fuerza que, desde lo más profundo de la tierra, hace que las montañas se eleven hacia el sol, hacia un hombre cansado que vuela rumbo al sur.

Los misterios de Dios pueden confundirnos y acercarnos más a Él. Tenemos la promesa de que, detrás de esas nubes a través de las cuales no podemos ver en esta vida, Dios tiene cosas mayores guardadas para nosotros más allá de lo que podemos explicar. "Nadie ha visto ni oído, y ni siquiera pudo pensar, lo que Dios ha preparado para aquellos que Lo aman" (1 Corintios 2:9).

Hoy, agradezca a Dios por los misterios de su vida.

Somos creados por Dios

Estamos bien aquí.
MATEO 17:4

Nuestra gata es como un leona, una criatura del paraíso recostada sobre el felpudo estampado, bostezando llena de satisfacción. Mittens nació en un galpón y estaba destinada a vivir una vida de galpón, a valerse por sí misma, comer ratas del campo, recibir cada tanto un bol de leche caliente de las vacas ordeñadas por rutina que pasaron el día comiendo pasto.

Una tarde les dije a mis alumnos del secundario rural donde enseñaba que mis hijos querían tener un gato, un gato anaranjado. Les pregunté: "¿Alguno de ustedes tiene un gatito que esté ansioso por ubicar?" Fue como si hubiera preguntado si tenían verrugas que quisieran sacarse. Aparentemente, todos los alumnos tenían un gato, un gatito, diez gatitos, cualquier gato, todos los gatos para ceder alegremente. Algunos hasta dijeron que me darían los gatos con una bolsa de residuos.

Fui a tres campos en busca de una posible criatura para adoptar. Vi gatos negros del tamaño de la pantera real. Encontré gatos flacos y grises que podían caber en la ranura del buzón. Había gatos gordos, gatos tontos, gatos dormilones. Ningún gato anaranjado.

La elección de un gato depende más de exigencias irracionales que de un criterio sólido. "Anaranjado, papá. El gatito tiene que ser anaranjado", me explicaba mi hija cada vez que volvía a casa sin gato.

Anaranjado. Anaranjado. Tendría que haber tomado algunas lecciones del asustado mazo de cartas de Lewis Carroll, que pintaba de rojo las rosas descoloridas a fin de satisfacer a la reina...

Yo tenía en casa dos baroncitos y una baronecita para satisfacer y complacer. Un gatito anaranjado.

—¿No les gustaría uno marrón o dorado? Dorado es casi como anaranjado —les pregunté a mis hijos una mañana, antes de salir para el colegio. Recordé la respuesta que me dieron mientras esa tarde me dirigía al cuarto campo:

—Anaranjado, papá. Queremos un gato anaranjado.

Cuando bajaba del auto frente a mi casa, un hombre, obviamente el dueño, salía de su galpón.

—Hola. Soy Chris de Vinck, profesor del secundario. Su hijo me dijo en clase esta mañana que tienen gatos para regalar.

—¿Los quiere a todos? —preguntó el padre.

Miré hacia el galpón por la puerta entreabierta. Empezaron a salier gatos y gatitos que saltaban, rodaban, corrían y caminaban como en un gran desfile. Luego, como si hubiera estado programado, apareció haciendo cabriolas la imagen que mi hija había recortado de una revista: un gatito anaranjado.

—¿Y ése? —le pregunté al dueño.

—Lléveselos todos, si quiere.

En el camino a casa, el gatito no lloró ni una sola vez; se quedó más bien en el asiento, derechito, viendo pasar los árboles. Me miró varias veces como preguntándose, quizá, en qué clase de galpón estaba.

Cuando llegué a casa, los chicos me saludaron desde la vereda. Saqué el gatito del auto y lo entregué a seis manos extendidas.

—¡Mira! Es anaranjado.

—¿Es macho o hembra?

—¿Puede dormir conmigo?

—Es una hembra —dije.

—Tiene garras blancas.

—Llamémosla "Mittens".

Y Mittens se llamó.

Estirada sobre las suaves llanuras de la alfombra del living, una gata anaranjada duerme boca arriba con las patas en distintas posiciones y la cabeza cómodamente apoyada. Los chicos también duermen. Veo florcitas rojas en el diseño de la alfombra. Flores amarillas. Verdes y azules. Mittens abre los ojos, parpadea una vez y retorna a su sueño con un pajar y ratones del campo.

En Génesis 1:24-25 está escrito que "Dios dijo 'Que la tierra produzca toda clase de seres vivientes: ganado, reptiles y animales salvajes de toda especie'. Y así sucedió. Dios hizo las diversas clases de animales del campo, las diversas clases de ganado y todos los reptiles de la tierra, cualquiera sea su especie. Y Dios vio que esto era bueno".

Dios creó los animales en el mundo para nuestra alegría. Es fácil dar por sentado a un gorrión que salta de rama en rama. ¿Se imagina un mundo sin animales: sin ballenas, sin grillos, sin gansos, sin ardillas, sin armadillos, sin gatitos anaranjados?

"Estamos bien aquí", escribió San Mateo. Al primer animal que vea hoy, mírelo como si lo viera por primera vez. Deléitese en lo que ve. Encuentre un gran deleite en su Creador.

No comprender la bendición de Dios

Los hijos son un regalo del Señor, el fruto del vientre es una recompensa; como flechas en la mano de un guerrero son los hijos de la juventud.

SALMO 127:3-5

No daba más. Los chicos hacían ruido, molestaban, estaban imposibles. Yo estaba cansado y harto. Mi mujer estaba cansada y harta. Decidí huir de todo y tener un día sólo para mí. Quería mimarme. Quería tener un día para hacer lo que se me antojara. Me daría la gran vida y pensaría solamente en mí. No me ocuparía más que de mí mismo.

Salí corriendo de casa con cincuenta dólares. "¡Listo, lo logré!", pensé para mis adentros al tomar la ruta rumbo al norte.

Bueno, fui hasta un shopping y pasé un rato largo en una librería, donde compré un libro de poesías escogidas de Walt Whitman. Después de eso, fui a un McDonald's y pedí dos hamburguesas —dos, sí—, una porción grande de papas fritas para mí solo y una gaseosa grande para mí solo. Me comí todo sin que me interrumpieran, sin tener que darle mi pickle a nadie, sin limpiarle la nariz, la boca o la falda a nadie. Después me compré el helado de chocolate más grande que encontré.

Era libre. Estaba en la ciudad, de manera que decidí ir al cine y ver una película sin comprar pochoclo, sin que alguien se sentara en mi falda, sin acompañar a alguien al baño. Era un hombre libre. Estaba dándome la gran vida. Y me sentía mal.

Cuando volví a casa, todos dormían. Al deslizarme en la cama, mi mujer susurró:

—Te extrañamos.

—Yo también —respondí. Nunca más volví a huir de casa.

Si se siente tironeado por las presiones de criar una familia, acuérdese: estar solo no es divertido.

"Los hijos son recompensa del Señor", escribió el salmista. Por lo tanto, lleve a los chicos hoy a McDonald's, o a una librería o al cine. Sáquelos a cualquier parte, pero nunca los saque de su corazón.

Un estímulo que nunca se acaba

Que nuestro Señor Jesucristo y Dios, nuestro Padre... os reconforte y fortalezca en toda obra y en toda palabra buena.
2 TESALONICENSES 2:17

Hace muchos años, después de decidirme a escribir una columna semanal para los diarios, envié una serie de cartas a distintos editores preguntando si podían llegar a tener interés en mi trabajo. Les envié copias de los artículos que había publicado en revistas nacionales y extractos de mis libros. Al cabo de unas semanas, me invitaron a presentar mis columnas en diez periódicos de todo el país.

El primer artículo apareció en un diario de Albany, Nueva York. A partir de ese momento, mis escritos aparecieron regularmente. Algunas semanas después, apareció en la sección de cartas del diario la primera reacción de un lector.

Era una crítica espléndida. Una lectora manifestaba lo impresionada que había quedado con el estilo, las percepciones y la profundidad de comprensión que revelaban mis editoriales. La carta estaba firmada C. Kesten.

La tarde en que la crítica llegó a mi buzón, mi mujer había salido de compras. Cuando volvió, le dije:

—Roe, mira esta primera respuesta de uno de mis nuevos lectores. —Estaba encantado de que a alguien le gustara lo que yo escribía.

Roe se sentó a la mesa de la cocina, leyó la carta en el diario, levantó la vista, me miró y sonrió. Yo sonreí. Y entonces se echó a reír.

—¡Chris! ¡La que escribió esto es tu madre!

—¿Mi madre? ¿Cómo lo sabes?

—C. Kesten. ¿Quién crees que es?

—El apellido de soltera de mamá es Kestens, con una "s" al final. Lo sabes muy bien.

—Bueno —dijo Roe con otra sonrisa—, a mí me parece que es tu madre.

Llamé enseguida a mi madre por teléfono.

—No pude resistirme —me dijo en un tono lleno de alegría y buen humor.

De modo que la primera crítica elogiosa sobre mi manera de escribir era de mi madre. He ganado premios por mi estilo, he dado charlas sobre escritura, tengo varios libros publicados, pero ninguna crítica superará nunca la de mi madre en ese diario de Albany de hace muchos años.

Estímulo. Dura un día. Un día. Una vida. "Que nuestro Señor Jesucristo y Dios, nuestro Padre, que nos amó y nos dio gratuitamente un consuelo eterno y una feliz esperanza, os reconforte y fortalezca en toda obra y en toda palabra buena (2 Tesalonicenses 2:16-17).

Cuando piense usted en todo el estímulo que Dios le ha dado en su vida hasta ahora, tal vez se le ocurra pensar en alguien que pueda aprovechar una simple palabra de estímulo de su parte. ¿Alguien está por presentar un trabajo? ¿Alguien está por dar un examen? ¿Alguien que usted conoce tiene una entrevista de trabajo?

Todos corremos riesgos a veces para el mejoramiento de nosotros mismos y los que nos rodean. Como Cristo en el Jardín de Gethsemaní, también nosotros necesitamos estímulo humano y divino para ser lo que hemos sido enviados a ser en esta buena tierra.

La esperanza de Dios

Y la esperanza no quedará defraudada, porque el amor de Dios ha sido derramado en nuestros corazones por el Espíritu Santo, que nos ha sido dado.

ROMANOS 5:5

Mi hijo Michael, de nueve años, pidió estrellas para su cumpleaños. Pidió todo un universo: estrellas fugaces, constelaciones. "Puedes incluir a Saturno y a la Luna, también."

Le pregunté a Michael cómo se le había ocurrido la idea de desear el universo para su cumpleaños.

—Yo no quiero el universo. Sólo quiero estrellas en mi techo. ¿Te acuerdas de aquel negocio?

Me había olvidado.

—¿Te acuerdas, papá? El negocio donde vimos aquel libro para colorear, con dinosaurios y telescopios. ¿Te acuerdas? Allí estaban esos palos largos, huecos, del África, con porotos adentro. ¿Te acuerdas cuando dimos vuelta el palo y sonó como si hubiera una catarata adentro?

Me acordé.

—En el estante encontré estrellas en una bolsa de plástico. Se pueden pegar en el techo. Brillan en la oscuridad. Eso era lo que querría para mi cumpleaños.

¿Alguna vez deseó usted algo extraordinario? ¿Una casa de época? ¿Un auto nuevo? ¿Montones de dinero? ¿Una salud perfecta? ¿Un hijo? ¿Un marido o una mujer? ¿Paz espiritual? Michael dijo el otro día que está ahorrando su asignación.

—¿Para qué? —le pregunté.

—Un delfín. Cuando tenga suficiente plata, voy a construir una gran pileta y compraré un delfín.

¿Cómo podemos controlar nuestra imaginación? ¿Cómo podemos hacer coincidir lo que anhelamos con lo que tenemos?

¿Cuáles son sus planes para hoy? ¿Una salida? ¿Una agenda muy cargada en el trabajo? ¿Cuidar a los chicos? ¿Mira a veces por la ventana y simplemente imagina cómo podrían ser distintas las cosas, o mejores, o más fáciles?

Después de la fiesta de cumpleaños de Michael, al final del día, fuimos a su cuarto. Abrió la bolsa de plástico y pegó más de cincuenta estrellas fosforescentes en su techo.

—Si acercas el velador, brillarán más —sugirió Michael.

Fue lo que hice. Sosteniendo el velador con la mano derecha, parecía la Estatua de la Libertad. Cuando Michael y yo decidimos que las estrellas ya habían estado bastante expuestas a la luz, volví a poner el velador en la mesa de noche junto a su cama.

—Acostémonos en la cama y hagamos de cuenta que estamos afuera mirando las estrellas —dijo Michael.

Apagué la luz.

—¡Oh, mira! —Michael rió casi con satisfacción. —Realmente parecen estrellas.

Admiramos las luces fosforescentes en el techo. Me puse la mano detrás de la cabeza. Michael hizo lo mismo. Los dos éramos astrónomos descubriendo nuevas constelaciones. ¿Quién puede decir que esa noche Michael y yo no capturamos el universo en su cuarto? —un chico y su padre con las manos en la nuca mirando lo que ambos consideraban maravilloso.

No necesitamos fingir que hemos alcanzado alegría y consuelo. No necesitamos pasar el día sintiendo, de alguna manera, que no hemos alcanzado nuestros objetivos.

En vez de un delfín, Michael compró con su asignación una pecera con un pececillo de color. El delfín más lindo que he visto jamás.

Hoy, cuando piense usted qué es lo que más desea, mire a su alrededor y observe: Tal vez ya tenga lo que es bueno, sagrado y simple: las verdaderas estrellas del universo y los delfines de verdad flotando sobre y en su corazón.

Lo mismo sucede con nuestra esperanza en Dios: nunca decepciona. Podemos desear algunas cosas y, si es la voluntad de Dios, esas cosas ocurrirán, pero si esperamos a Dios, Su entrada en nuestra vida es una certeza absoluta.

Esta noche, observe atentamente las estrellas que Dios y su Hijo pegaron en el techo del universo y alégrese.

¿No es buena la vida?

Porque tengo la certeza de que ni la muerte ni la vida... ni ninguna otra criatura podrá separarnos jamás del amor de Dios, manifestado en Cristo Jesús, nuestro Señor.

ROMANOS 8:38-39

Cuando mi padre era profesor universitario, un alumno de China, un tal Sr. Tong, se anotó en su clase. Al cabo de unos meses, mi padre se enteró de que el Sr. Tong era casado, tenía tres hijos pequeños y estaba a miles de kilómetros de su hogar.

Mi padre invitó a este hombre a casa muchos fines de semana. Cada vez que venía, el Sr. Tong iba sintiéndose más cómodo con mi familia.

Todos nos enteramos de que quería terminar la carrera de Economía y volver a China para reunirse con su familia. Por desgracia, el gobierno de China enfrentó una gran revuelta y el Sr. Tong no pudo volver a su patria. Durante veinticinco años, escribió a su familia. Finalmente, el gobierno chino enfrentó nuevamente una revuelta y Tong pudo traer a su mujer y sus hijos a Estados Unidos.

Durante todos esos solitarios años, el Sr. Tong fue fiel a su mujer. Cuando se reunió con ella —comentó más tarde— volvieron a conocerse, pues era prácticamente como si fueran extraños.

En este momento, los hijos del Sr. Tong son egresados de las mejores universidades de este país. Tong ha sido abuelo varias veces. Todavía visita a mis padres. "¿No es buena la vida?", suele decir.

Recordemos las famosas palabras: "Permanecer unidos de aquí en adelante en la prosperidad como en la adversidad, en la riqueza, en la pobreza, en la salud y la enfermedad, amarnos y respetarnos hasta que la muerte nos separe".

El Sr. Tong fue capaz de amar. Pudo aferrarse a su amor por su mujer durante todos los días que estuvieron separados. El amor de Dios también es capaz de aferrar a nosostros a Su novia, la Iglesia, pese a todas las dificultades. "Porque tengo la certeza de que ni la muerte ni la vida, ni los ángeles ni los principados, ni lo presente ni lo futuro, ni los poderes espirituales, ni lo alto ni lo profundo, ni ninguna otra criatura podrá separarnos jamás del amor de Dios, manifestado en Cristo Jesús, nuestro Señor."

Si hay una pequeña ruptura entre usted y alguien que ama, piense en el Sr. Tong y trate de arreglar las cosas hoy mismo. Y si hay una ruptura entre usted y Dios, recuerde, la Biblia dice que esa ruptura no es posible.

"¿No es buena la vida?"

Él repara mi alma

Él me hace descansar en verdes praderas, me conduce a las aguas tranquilas y repara mis fuerzas.

SALMO 23:2-3

En el primer año de nuestro matrimonio, Roe y yo compramos un reloj de registro antiguo. Funciona siete días con una vez que se le dé cuerda. Durante la primera semana, después de colgar el reloj en la pared, no podía dormir bien. No me gustaba el ruido del tictac. Me retumbaba en la cabeza. Contaba cada tictac. Mis esfuerzos para dormir eran inútiles.

Durante dos años, cada vez que me disponía a subir la escalera para ir a dormir, paraba el péndulo del reloj. Por la mañana volvía a poner el reloj, empujaba el péndulo, y el tictac continuaba otra vez a lo largo del día hasta momentos antes de que Roe y yo nos acostáramos.

En el tercer año de nuestro matrimonio, directamente dejé de dar cuerda al reloj, no volví a tomarme más la molestia de pararlo y volver a ponerlo en marcha.

Durante estos trece años, el reloj permaneció silencioso en la pared de la sala de estar. Me gusta el silencio cuando duermo. Tenemos un reloj eléctrico. En el baño no hay goteras. El silencio es un lujo.

Mis amigos y mis hijos a menudo me preguntan por qué no hago arreglar el reloj. Una y otra vez les digo que funciona perfectamente.

A veces, tenemos que arreglar nuestra vida de acuerdo con nuestras necesidades. Es bueno que seamos generosos, dadivosos, cariñosos, pero también es bueno, de vez en cuando, complacernos a nosotros mismos.

Jesús dio el ejemplo, para Él y para aquellos que lo siguieran. En medio de las presiones y los tironeos de la necesidad, desvió la atención de Sus discípulos hacia sus propias preocupaciones. "Él les dijo: 'Venid vosotros solos a un lugar desierto para reposar un poco'. Porque era tanta la gente que iba y venía que no tenían tiempo ni para comer" (Marcos 6:31).

Hoy podría ser un buen día para reorganizar algo en su vida que le aporte algo de comodidad y paz.

A imagen de Dios

*Y Dios creó al hombre a su imagen; a imagen de Dios lo
creó, varón y mujer los creó.*

GÉNESIS 1:27

¿Con qué hábitos está usted encariñado? ¿Le gusta
sentarse frente al espejo a la noche y desatarse el
pelo? ¿Se cepilla el pelo una cantidad determinada de veces?
Cuando se mira en el espejo, ¿piensa en los cambios que ve
en su cara? ¿Se acuerda de cuando era joven? ¿Recuerda
cuando se paraba frente al espejo y temía que su imagen no
fuera atractiva? ¿Recuerda haber mirado atentamente la
imagen reflejada y preguntarse si lo que veía era real?

Mi madre tenía un espejo enorme en su dormitorio. Yo
hasta pensaba que podía atravesar el espejo y unirme a
Alicia, el Conejo Blanco y el Sombrerero Loco.

Recuerdo haber visto a mi madre sosteniéndose el pelo
con hebillas y peinetas. En una cómoda guardaba los bucles
rubios y largos que le habían cortado cuando era adolescente.

Yo observo cómo Roe se seca el pelo cada mañana. La
observo cuando se cepilla el pelo mojado. La observo cuando
se frota el pelo oscuro con una toalla hasta que aparece su
imagen del día.

La belleza es producto de la mirada y el corazón. Sin
imagen no hay nada. Sin amor no hay nada. El amor por uno
mismo comienza con una mirada atenta en el espejo y la
aceptación de que lo que vemos es bello y bueno. Después de
esa experiencia, lo que queda durante el día es bello y bueno.

La creencia de que Dios aprueba en forma incondicional
lo que somos y qué aspecto tenemos deriva de saber lo que
Dios dice respecto de nosotros, Su extraordinario acto creativo:

"Te doy las gracias [Dios] porque fui formado de manera tan admirable. ¡Maravillosas son tus obras!" (Salmo 139:14).

Por la noche, antes de dormirse, cepíllese el pelo, sienta su textura, recuerde las manos que lo acariciaron: una madre, un hijo quizá, un marido, una mujer. Apoye despacio el cepillo y el peine en la cómoda y acuéstese en la cama. Descanse la cabeza sobre la almohada y sueñe con el espejo, el hacedor de imágenes, pues él refleja la escultura —usted— que Dios creó.

El paraíso

Hizo brotar el árbol de la vida en medio del jardín.
GÉNESIS 2:9

En la casa donde me crié había una gran mesa de roble en el living. Era la mesa que en una época había estado en un gran castillo de Bélgica, donde creció mi padre. Cuando emigró a este país con mi madre, en 1948, entre las cosas que cruzaron el océano estaba esta mesa.

Hasta donde yo recuerdo, esta mesa ha estado en el living. Sé que lleva más de cuarenta y cinco años en el mismo lugar.

La única radio de la casa estaba en esa mesa. Yo solía escuchar canciones vaqueras los sábados por la tarde en la radio verde. Me tendía sobre el mantel, ajustaba el dial de la radio y escuchaba una voz distante acompañada por una movediza melodía de guitarra.

Ésa fue la mesa que mi padre usó para escribir muchos de sus libros. Recuerdo cientos de hojas escritas a máquina desparramadas encima de ella. Recuerdo a mi padre inclinado sobre esos papeles como si estuviera desmalezando el jardín con sumo cuidado.

Había algo más en la mesa del living que me gustaba cuando chico. Las patas eran grandes, redondas, y estaban unidas entre sí por una barra ancha y gruesa de roble sólido con surcos grabados en toda su longitud. Estos surcos eran perfectos para hacer rodar las bolitas. Recuerdo que ponía las bolitas en fila en los surcos y las empujaba imaginando que eran vagones de trenes que se chocaban.

Tal vez no sea cierto que pasaba horas debajo de la mesa empujando las bolitas por esos surcos de la madera, pero en mi memoria actual me parece que era muchísimo tiempo. A

135

veces desearía volver a la mesa y empujar las bolitas mientras mi madre y mi padre leen en voz alta o mi hermano toca una canción en el piano o mi hermana pinta silenciosamente sobre una bolsa de papel en la cocina.

El paraíso es el recuerdo lejano a nuestro alcance. Estiramos la mano y se hace realidad.

Me gustaría volver a mi infancia y revivir cómo era tener las bolitas en la mano mientras en la olla de la cocina hervía un guiso y mi madre nos gritaba que entráramos a lavarnos las manos y mi padre se quitaba los anteojos y los dejaba sobre los papeles que cubrían la mesa. Me gustaba cuando estábamos juntos, mis hermanas, mis hermanos y yo. Cuando estoy cansado, me gusta pensar en esos tiempos. Tal vez sea eso lo que Dios tiene guardado para nosotros: un lugar en el que estemos todos juntos con el Padre cuando vayamos a comer allí donde los sonidos de Su casa están llenos de gozo.

Piense en el primer Árbol de la Vida que aparece en el libro del Génesis. Y piense en el último Libro de la Vida que aparece en el último libro de la Biblia: "Al vencedor daré de comer del árbol de la vida, que se encuentra en el paraíso de Dios" (Apocalipsis 2:7).

Además de los recuerdos que me devolverá Dios en el paraíso, hallo un gran deleite en saber que Él me dará el Árbol de la Vida.

Recuerdo los anteojos con armazón de carey de mi padre. Recuerdo el lugar de mi infancia. Creo que el cielo está lleno de olores de guiso recién hecho y que la voz de mi madre nos llama para comer.

Todavía oigo las bolitas de vidrio al golpearse y entrechocarse mientras avanzan por los surcos de la madera dura. Pienso que Dios tiene esas bolitas guardadas para mí.

Hoy, evoque alguno de sus recuerdos más felices. Tendrá así un anticipo del paraíso.

Señor de los afligidos
y los amargados

Sana a los que están afligidos y venda sus heridas.
SALMO 147:3

Las heridas abiertas son fuente de dolor constante. Un pino sangra savia. El sol separa la noche del día que provoca una división continua entre luz y sombra.

Conocí a un hombre, hijo único, que creía que su padre lo había desheredado. El padre pertenecía a una organización de beneficencia local. Todos los años, el grupo de su padre recolectaba dinero para enviar a un chico enfermo al lugar de sus sueños: Disneylandia quizás, o el partido de la final de los New York Yankees, o la casa de su abuela en la otra punta del mundo.

Cuando su padre murió, donó todo lo que tenía a esa organización. El hijo trató de recuperar el dinero a través de la justicia, pero el juicio falló a favor de la organización de beneficencia.

Durante mucho tiempo, el hijo se quejó de la injusticia del mundo. Muchas veces maldecía el nombre de su padre.

A cinco años de la muerte del padre, el hijo contrajo una enfermedad cardíaca y lo llevaron urgentemente al hospital. Se decidió que necesitaba un *bypass* triple. El hijo murió. En su testamento, se descubrió que él también había donado todo lo que poseía a la misma organización de beneficencia que su padre.

Aunque el hijo vivió amargado durante cinco años, proclamó su victoria personal a través de ese acto de generosidad. Pero pensemos cómo habrían podido ser esos cinco años si hubiera dejado entrar al Señor que sana a los afligidos.

¿Hay alguna herida en su vida que usted alimente, o un rencor que no deja sanar? Tal vez hoy pueda pensar en cómo sanar su amargura. Ruegue a Dios. Pregúntele cómo podría poner fin a su aflicción. Él le dará una respuesta.

La verdadera riqueza

No te afanes por enriquecerte.
PROVERBIOS 23:4

Estoy leyendo Los hermanos Karamazov de Feodor Dostoievski. En el Libro IV, el padre Zossima, monje ruso, afirma: "Los hombres han logrado acumular una masa mayor de objetos, pero la alegría en el mundo ha disminuido".

Recordé estas palabras cuando una de mis alumnas del secundario en mi clase de Inglés gritó en medio del aula en los primeros meses del año: "¡Sr. de Vinck! ¡Se compró zapatos nuevos!".

Me sentí un poco incómodo, porque sólo entonces me di cuenta de que la clase había notado que las seis semanas anteriores mi zapato derecho tenía un agujero del lado en que mi dedo había atravesado el cuero de imitación.

Cada septiembre me compro un par de zapatos nuevos con la esperanza de que aguanten hasta el septiembre siguiente. El último par me duró un año y cuatro meses. Todo un record.

¿Ha comprado usted zapatos últimamente? ¡Ochenta dólares! Gasté ochenta dólares por el mismo par de zapatos que compré a sesenta dieciséis meses antes. También debería decir que tengo un par de zapatillas que compré hace cuatro años. Roe piensa que debería comprarme un par nuevo para el próximo verano.

—Todavía están bien —sostengo yo—: Un poquito deshilachadas y sucias, tal vez, pero aún me mantienen los pies calientes y protegidos.

Pregunté a mis alumnos:

—¿Cuántos pares tienen ustedes?

—Ocho —respondió un chico.

—Bueno, yo tengo como cincuenta, pero sólo uso unos diez —dijo una chica con aire pensativo—. A la gente le gusta tener cosas nuevas. A mí me pasa, por eso me compro zapatos.

¿Alguna vez vio en Estados Unidos a una persona que entre en un negocio con un par de zapatos gastados o andrajosos? ¿Cuándo fue la última vez que compró un par de zapatos por VERDADERA necesidad?

Hay un poema fantástico de Carl Sandburg en sus *Poesías completas* llamado "Felicidad":

Pregunté a los profesores que enseñan el significado de la vida
que me dijeran qué es la felicidad.
Y consulté a famosos ejecutivos que manejan el trabajo
de miles de hombres.
Todos menearon la cabeza y me sonrieron como
si estuviera tratando de burlarme de ellos.
Pero un domingo por la tarde mientras vagaba
por la orilla del río Desplaines
vi un grupo de húngaros bajo los árboles
con sus mujeres y sus hijos
y un barrilito de cerveza y un acordeón.

El padre Zossima dice: "Al interpretar la libertad como la multiplicación y la satisfacción rápida de los deseos, los hombres distorsionan su naturaleza, pues se fomentan así muchos deseos y hábitos insensatos y estúpidos y creencias ridículas. Viven nada más que para la envidia mutua, para el lujo y la ostentación".

¡Zapatos! ¡Zapatos! ¡Zapatos!

Apuesto a que los húngaros de Sandburg bailaban bajo los árboles… ¡descalzos!

No creo que tenga nada de malo querer cosas bellas. Dios creó esa belleza. Pero debemos recordar que "Tus ojos vuelan hacia la riqueza y ya no hay nada, porque ella se pone alas y vuela hacia el cielo como un águila" (Proverbios 23:5).

Hay tesoros que nos complacen por un momento y hay tesoros que nos complacen, a nosotros y a Dios, para toda la eternidad. ¿Qué tesoros perseguirá usted hoy? "Acumulen, en cambio, tesoros en el cielo, donde no hay polilla ni herrumbre que los consuma, ni ladrones que perforen y roben. Allí donde esté tu tesoro estará también tu corazón." (Mateo 6:20-21)

Orar por la paz de Dios

Y ya no hubo más guerra en el país.
JOSUÉ 11:23

Cada vez que voy a Washington D.C., sea por placer con mi familia o por negocios en relación con mi carrera literaria y la educación, visito el Instituto Smithsoniano porque quiero tocar el cohete a cuadros blanco y negro.

Cuando era chico, mi padre me contó la historia de los cohetes V-2, cómo volaban sobre las fronteras del enemigo y explotaban en Bélgica. "Si podías oír el motor del cohete, significaba que seguía volando y que no tenías por qué preocuparte; pero si el motor se detenía, significaba que el cohete estaba cayendo a tierra." Los cohetes V-2 eran bombas voladoras. Destruyeron muchas casas en Bélgica y mataron a mucha gente.

Cuando visito el museo de Washington, golpeo los costados de una de esas bombas destructivas y rezo por las familias que perdieron a sus seres queridos a causa de esa maldad. Después, agradezco a Dios por haber salvado a mi padre.

Mi padre tiene ochenta y dos años. Le gusta recortar y armar aviones de papel para sus nietos. Mis hijos nunca conocerán los ruidos de bombas cayendo sobre ellos, y mi padre todavía puede reírse.

Dios quiere que nos amemos los unos a los otros. Qué tormento ha de ser para Él ver cómo un pueblo mata a otro pueblo. La guerra es la evidencia del caos, la evidencia del mal, la evidencia del trabajo del demonio. Peleas en el barrio o guerras internacionales a nivel mundial. No hay ninguna diferencia. Si oramos, tanto nosotros como Dios seremos ganadores. "Él será juez entre las naciones y árbitro de pueblos numerosos. Con sus espadas forjarán arados y podaderas con sus lanzas. No levantará la espada una nación contra otra ni se adiestrarán más para la guerra. ¡Ven, casa de Jacob, y caminemos a la luz del Señor!" (Isaías 2:4-5)

Hoy es un buen día para caminar a la luz del Señor. Piense en los que murieron para que otros pudieran vivir en libertad y en paz.

El Dios que da

Hasta ahora, nada habéis pedido en mi Nombre. Pedid y recibiréis y tendréis una alegría que será perfecta.

En octubre di tal vez la última clase de mi vida. Fui profesor durante dieciséis años y ahora soy administrador de escuelas. Este nuevo puesto significa un viaje más corto y un nuevo desafío. Mientras analizaba todo lo que había hecho en el aula, mi nuevo cargo me aterraba. ¿Cómo empiezo algo otra vez de cero? ¿Habré cometido un error en dejar el aula?

¿Cómo enfrentamos las decisiones serias que debemos tomar? Yo comparto mis preocupaciones con mi familia. Observo a personas que admiro y veo qué hicieron con su vida, pero de todos modos debo tomar la decisión solo.

Siempre dependí de una voz muy interna que me guiaba en la vida. Esa voz no me falló cuando deseaba conocer a la que algún día sería mi esposa. Esa voz no me falló cuando pedía fuerzas en mi intento por enseñar, ser marido y padre. Esa voz no me falló cuando deseaba que mi actividad literaria se desarrollara.

Alguien me dijo una vez que a Dios debemos pedir dones y mercedes grandes. Que no debemos temer. No somos seres codiciosos. Sabemos lo que Dios quiere oír. Sabemos que le agrada que le pidamos ayuda y Él siempre nos ayuda.

Yo les digo a mis tres hijos que no puedo resolver sus problemas, pero que siempre puedo ayudarlos con cualquier situación difícil que encuentren en su camino.

El cambio es aterrador, pero vuelvo a casa y encuentro la misma mujer, los mismos hijos y la misma gata. Ellos siguen estando, y ruego al mismo Dios. Él también sigue estando.

¿Le ha pedido usted algo a Dios últimamente? ¿Le pidió algo extraordinario? Él no lo ayudará a ganar la lotería. No lo ayudará a descubrir la fuente de la juventud. Tanto usted como Dios saben exactamente qué cosas puede pedir. ¿Qué es lo que más falta en su corazón? Pídale a Dios que lo ayude a encontrar esa parte ausente. Esa necesidad profunda y personal es más grande que el oro. Dios provee. Basta con pedirle.

La puerta del cielo

Porque en Él fueron creadas todas las cosas, tanto en el
cielo como en la tierra, los seres visibles y los invisibles.

COLOSENSES 1:16

Hace un tiempo un cuervo descubrió la cueva del conejo que estaba cuidadosamente escondida en medio de la vincapervinca. Mientras Roe, los chicos y yo nos hallábamos sentados en el living, oímos un chillido fuerte. Al mirar por la ventana, vimos cómo el cuervo levantaba del nido al conejo de dos semanas y lo soltaba en el pasto. Los chicos, mi mujer y yo salimos gritando y ahuyentamos al cuervo.

El conejo murió. Karen, de cinco años, quería ayudarme a enterrar al animalito. Ella cavó con su pala de arena de plástico azul. Yo saqué la azada del garaje.

Después de cavar rápidamente una tumba debajo del rododendro, coloqué al conejo en una toalla de papel.

—¿Puedo ponerlo en el hoyo? —me preguntó Karen.

—Por supuesto.

Karen y yo nos agachamos. Justo cuando estaba por poner el conejo en la tierra abierta, me miró y me preguntó:

—¿Puedo besarlo antes?

—Claro que sí.

Y Karen besó la toalla de papel que contenía la forma sin vida; hundió luego la mano en el agujero y colocó el conejo entre las raíces y la tierra húmeda.

—¿Tendrá sed ahora? —preguntó Karen.

—¿Qué quieres decir, Karen?

—Cuando morimos, ¿tenemos sed?

—Claro. Y en el cielo hay muchísima agua para beber.

146

Cubrimos el conejo con tierra oscura. Estaba a punto de poner una gran laja sobre la tumba, pero Karen no quiso. No sabía por qué, pero quería poner una cruz hecha con dos ramas. Fue lo que hicimos.

Mientras caminábamos hacia la casa, sentía la manita cálida y fuerte de Karen en la mía.

Que los científicos se queden con sus teorías fantasiosas sobre la vida y la muerte y que los pueblos antiguos se queden con la creación de mitos. Karen y yo resolvimos el problema en una sola tarde: en el cielo, los conejos beben.

Es necesario que los niños oigan hablar de la promesa de salvación de Dios. Los niños deben oír de boca de quienes los aman que Cristo estará junto a ellos toda la vida, aliviando su viaje hacia el abrazo eterno de Dios.

En cierto modo, usted también es un niño, un hijo de Dios. Preste atención cuando Él le habla de Su promesa. Sienta Su presencia junto a usted a lo largo de este día.

Piense hoy quién lo conducirá hasta el abrazo de Dios: el Señor Jesucristo, su guía, su Padre. Crea en Él, y todas las cosas se reconciliarán en una felicidad eterna.

Dios de todo consuelo

Como un hombre es consolado por su madre, así yo os consolaré a vosotros.

ISAÍAS 66:13

Alguien me habló la otra noche de un cuento de Tolstoi llamado *El lamento*. Es la simple historia de un anciano que conduce un coche de caballos de alquiler por la ciudad.

La historia cuenta que el hijo del anciano había muerto hacía poco y él estaba desesperado por contárselo a alguien.

Un hombre rico contrata el carruaje para dar un paseo por la ciudad. Cuando sube al coche, el anciano dice: "Mi hijo, mi hijo. Permítame hablarle de mi hijo". Pero el hombre ocupado no tiene tiempo para escuchar.

Bien. Cuando se va el hombre rico, sube otro hombre al carruaje. Quiere que lo lleve al otro lado de la ciudad. Nuevamente, el anciano dice: "Mi hijo, mi hijo. Permítame hablarle de mi hijo". Y tampoco este segundo hombre se molesta en escucharlo.

Al final del día, el anciano regresa a las caballerizas, desensilla el caballo y cuando empieza a cepillarlo antes de dejarlo para que duerma, el anciano empieza a decirle al caballo: "Mi hijo. Mi hijo". Y le cuenta la trágica historia.

¿No es fantástico que no estemos solos, sobre todo cuando necesitamos consuelo en los momentos difíciles? "Bendito sea Dios, el Padre de nuestro Señor Jesucristo, Padre de las misericordias y Dios de todo consuelo, que nos reconforta en todas nuestras tribulaciones, para que nosotros podamos dar a los que sufren el mismo consuelo que recibimos de Dios." (2 Corintios 1:3-4)

Necesitamos hablar de nuestra pena. Necesitamos aliviar nuestro sufrimiento. Este hombre viejo y simple de la historia sabía que tenía algo importante que decir. Todos somos poetas. Todos tenemos cosas extraordinarias para decir sobre cosas muy comunes pero muy importantes de nuestra vida.

¿Guarda usted algo reprimido en su interior esta mañana? Comparta su pena con alguien. Las cosas cambiarán. O póngase hoy a disposición de alguien que haya recibido una nueva carga de tristeza. Usted tiene capacidad para consolar y ser consolado.

Una clave de la felicidad

¿Cómo es posible todo esto?
JUAN 3:9

Cuando era chico, mi abuela me contó la historia del timbre de la puerta.

—Christopher, cuando yo era chiquita, en Bélgica, había una mujer rica que vivía al final de la calle.

"Esa mujer —continuó mi abuela— tenía unos faroles de aceite muy extraños, mucamas y un cocinero. Un día corrió el rumor en el barrio: 'La señora rica tiene un timbre en la puerta'.

Mi abuela me explicó que esta mujer rica era la primera persona en la calle que había hecho instalar un timbre eléctrico en la casa. Recuerdo haber oído decir a mi madre que todos los chicos corrían a la casa, golpeaban a la puerta de la mujer y pedían permiso para tocar el timbre.

—Bueno —dijo mi abuela—, creo que tocamos el timbre toda la tarde.

Me acordé de la historia de mi abuela, esta tarde, mientras escuchaba *La procesión de los nobles* de Nikolai Rimsky-Korsakov.

Estaba sentado al escritorio con los ojos cerrados, cuando de pronto oí una voz lejana.

—¿Qué estás haciendo, papá? —me preguntó Karen, mi hija de siete años, al entrar en la habitación.

—Escucho una música maravillosa.

—Parece que hubiera reyes bailando —comentó Karen mientras se sentaba en mi falda. Al terminar la grabación, preguntó: —¿Podemos volver a escucharlo?

Mi hija y yo nos quedamos sentados juntos casi una

150

hora escuchando la misma pieza una y otra vez. En eso está la clave de la felicidad. Cuando se encuentre usted con algo maravilloso, como el sonido de un timbre, o una bella sinfonía, no lo deje escapar, envuélvase en la belleza que acaba de descubrir. Comparta la belleza una y otra vez con las personas que ama.

Llevé a mi hija en brazos hasta su habitación donde, después de una oración y un beso, se durmió apaciblemente.

"Alégrate, muchacho, mientras eres joven, y que tu corazón sea feliz en tus años juveniles" (Eclesiastés 11:9). Usted puede mantener su juventud viendo las cosas como las ven los niños: con deleite. Alégrese. Es la voluntad de Dios.

"Alegraos siempre en el Señor. Otra vez digo: alegraos. Que la bondad de vosotros sea conocida por todos los hombres." (Filipenses 4:4-5).

Cuanto más se rodee usted de belleza, más belleza verá. Cuanto más se regocije en el Señor, más cerca estará Él de su corazón. Hoy, ¡regocíjese!

Los niños y el Reino
de los Cielos

*De cierto os digo que si vosotros no cambiáis o no os hacéis
como niños, no entraréis en el Reino de los Cielos.*

MATEO 18:3

La señora Robbins tenía un canasto chato colgado
en la puerta de entrada, un canasto oscuro en forma
de bolsa; un saco grande, supongo que para poner notas. La
señora Robbins también tenía una campana a la derecha de
la puerta, una campana con una cuerda. Para un chico de ocho
años, pararse frente a la puerta de la señora Robbins era una
pequeña aventura.

¿Hago sonar la campana o le escribo una nota? A los
ocho años, yo no tenía cosas demasiado importantes para
decirle. Recuerdo haber puesto bellotas en su bolsa de correo
y hacer sonar la campana simplemente para saludarla.
Siempre respondía con un fuerte y agradable acento sureño:
"¡Hola, Christopher!".

Decían que el abuelo de la señora Robbins había sido un
rico terrateniente de Tennessee.

—¿Qué puedo hacer por ti hoy?

La señora Robbins era una de las pocas personas adultas
en mi memoria infantil que me trataba como un adulto. Yo
enganchaba mi pulgar en los bolsillos del pantalón, me erguía
y decía: "¡Hola, señora Robbins!". Y después me quedaba ahí
sin querer admitir que era yo el que había enviado las bellotas
o que simplemente había querido tocar la campana.

Ella salía de la casa y se sentaba en su galería. Me hablaba
de las hojas enmohecidas que había encontrado en su cubo

de basura esa mañana, o de las galletitas que estaba haciendo en la cocina. Sentado a su lado, yo la escuchaba. A los ocho años, cuesta decidir qué tema es mejor: hojas enmohecidas o galletitas.

Yo hundía el talón de mi zapato derecho en la tierra o me raspaba una lastimadura del brazo mientras le explicaba a mi vez cosas importantes: el color de mi habitación o la fecha de llegada de mis abuelos de Bélgica.

—¿Te gustaría entrar un ratito y comer galletitas con leche conmigo? —me preguntaba la señora Robbins—. ¿Galletitas de jengibre?

Siempre sabía que eran galletitas de jengibre, en general en forma de animales.

—¡Por supuesto!

Hojas enmohecidas, abuelos, bellotas, canastos. No ignoremos a los niños que llegan a nuestra vida. No olvidemos el gusto de las galletitas de jengibre.

La señora Robbins actuaba como Jesús. Él se entusiasma con las cosas simples, se deleita cuando un niño se sienta a Su lado, lleno de una paz interior que afecta a todos aquellos que Lo conocen. Jesús no rechazaría a un niño si tocara a su puerta. "El que recibe a uno de estos pequeños en mi Nombre, me recibe a mí mismo."

Hoy, encuentre deleite en los niños. Comparta su entusiasmo por las cosas pequeñas. Llame a su nieto por teléfono e invítelo a un pijama-party en su casa este fin de semana. Vaya a buscar a su hija a la salida del colegio y llévela a tomar un helado. Sea como Cristo y reciba a los niños.

Pequeñas cosas, grandes diferencias

Que la única deuda con los demás sea la del amor mutuo:
el que ama al prójimo ya cumplió con toda la Ley.

El último verano, mi familia y yo pasamos una semana en Disney World en Florida. Recorrimos el mundo de Peter Pan, anduvimos en submarino, nos persiguieron piratas, abrazamos a Goofy. Visitamos Epcot Center y fuimos transportados al espacio extraterrestre. Vimos películas tridimensionales y restos de trenes en los estudios de la Metro-Goldwyn-Mayer. Los chicos desaparecieron en la pileta con mareas artificiales de Typhoon Lagoon bajo olas de un metro ochenta. Viajamos en monocarril, cablecarril, trenes a vapor, coches tirados por caballos, pero creo que la mejor parte de nuestras vacaciones en Disney fue el desfile.

Todas las noches, avanzaba por la calle principal un desfile espectacular de carrozas y gente. Toda la gente y todas las carrozas iban cubiertas por hilos de luz. Pero lo que siempre recordaré no es el desfile en sí, ni las luces, sino algo que ocurrió una noche.

Estábamos sentados en la esquina, observando el desfile. Karen, mi hija de diez años, saludaba a todos los personajes que pasaban: Blancanieves, Chip & Dale, el Ratón Mickey pero ninguno le devolvía el saludo. Empezó entonces a pasar bailando otra serie de personajes. Eran mujeres jóvenes disfrazadas con bellos trajes de mariposa. Karen saludaba y saludaba, cuando, de pronto, una de las bailarinas-mariposa prácticamente voló y se paró justo frente a Karen. Mi hija la miró, la mariposa se agachó, estrechó la mano de Karen y preguntó: "¿Te diviertes?", con un bello acento sureño. Karen dijo que sí y la mariposa se fue volando nuevamente por la calle principal.

Ese simple detalle fue uno de los momentos favoritos de Karen en Disney World: una persona la hizo sentir especial.

Es muy fácil ver qué espera Dios de nosotros si simplemente prestamos atención a los actos de las personas que nos rodean: "Poned todo el empeño posible en unir a la fe, la virtud; a la virtud, el conocimiento; al conocimiento, la templanza; a la templanza, la perseverancia; a la perseverancia, la piedad; a la piedad, el espíritu fraternal, y al espíritu fraternal, el amor. Porque si poseéis estas cosas en abundancia, no permaneceréis inactivos ni estériles en lo que se refiere al conocimiento de nuestro Señor Jesucristo" (2 Pedro 1:5-8).

La gentileza que esa noche demostró esa muchacha hacia mi hija en el desfile merecería sin duda un elogio de los directivos de la empresa Disney.

Es fácil llegar a un extraño y hacerlo sentir especial. Durante el día, pregúntele al cartero, o al médico o a la persona que hace la cola al lado suyo si está pasando un buen día. Causará un efecto mucho mayor del que usted se imagina y se sentirá productivo, eficaz, y ganará un elogio del jefe de sus días: nuestro Señor Jesucristo.

Cantar y esquivar bolas de barro

¡Despierten y griten de alegría los que yacen en el polvo!
ISAÍAS 26:19

Mis padres llegaron de Bélgica en 1948, pero todos mis parientes viven del otro lado del océano. Un verano, siendo yo adolescente, mi abuela me mandó un pasaje aéreo para que pudiera visitar a la familia que no conocía.

Pude pasar varias semanas con mis tíos en el sur de Francia. Durante la primera noche de mi visita, hubo una tormenta extraordinaria. Llovía muchísimo. Truenos y rayos lucharon toda la noche entre sí, tratando de ver, al parecer, quién tenía más poder.

A la mañana siguiente, me reuní con mi tío en el desayuno.

—Tu tía está en el altillo poniendo todo en su lugar. No quiere que la ayude. Ve a ver qué puedes hacer tú.

Subí la escalera que llevaba al altillo y allí encontré a mi tía sacando polvo y barro del piso. La noche anterior había entrado agua por el techo y había inundado el viejo altillo. Mi tía absorbía la suciedad con un trapo y la arrojaba en un balde. Estaba sucia. Tenía un aspecto horrible y reía y cantaba. Pensé que estaba loca.

—Pero, Christopher —dijo—, pasé muchos años en un campo de concentración durante la guerra. Fue espantoso. Ahora, ningún trabajo me resulta desagradable. Ven a ayudarme.

Pasé toda la mañana cantando con mi tía. Nos arrojábamos bolas de barro. Nos reíamos. A la hora del almuerzo, el altillo estaba limpio.

¿Alguna vez vivió usted una experiencia que lo lastimara? No hemos nacido para sufrir. A todos nos ocurren cosas difíciles, pero esas cosas no son nosotros. La fe en Dios nos eleva por encima de nuestros pesares. Cada día podemos decir en voz alta al Señor: Lo que me consuela en la aflicción es que Tu palabra me da la vida" (Salmo 119:50).

Fuimos concebidos para reír y para cantar. Inténtelo. Hoy, únase a mi tía en el altillo y alabe a Dios.

La estabilidad de Dios
en nuestra vida

Sí, he sido un necio, me he equivocado por completo.

1 SAMUEL 26:21

Uno de los regalos que le compré a mi hija para su cumpleaños fue un equipo de vóley. Unos días antes había notado que los chicos jugaban su propia versión del equipo, usando una pelota de playa y el cerco del patio como red.

Fui a un negocio de deportes y le pregunté al vendedor si podía ayudarme a elegir un buen juego.

Caminamos por un corredor lleno de bates de béisbol, palos de hockey, juegos de césped, zapatillas, hasta que me señaló un estante con cuatro tipos de equipos de vóley guardados en cajas.

—¿Cuál es el mejor? —le pregunté.

—Bueno, los que tienen los postes más gruesos son buenos. Tal vez podría gustarle este equipo, que también incluye raquetas de badminton. Es el que más se vende.

Compré el más popular, lo llevé a casa, lo envolví y lo puse en la mesa del comedor con los demás regalos para la fiesta de Karen.

Al día siguiente, después de la torta, las canciones y los regalos, me senté en el patio de atrás con la caja abierta, tratando de entender las instrucciones para armar la red de vóley.

Al cabo de una frustrante hora, la red estaba colocada y la pelota inflada. Los chicos jugaron el resto de la tarde rematando la pelota por encima de la red, y después pasaron a las raquetas de badminton. Fue un lindo cumpleaños.

A la mañana siguiente dormí hasta tarde y me despertaron unas risas. Corrí la cortina y miré al jardín y allí estaban los chicos, rematando la pelota de playa a un lado y otro del cerco.

Debemos tener cuidado con lo que queremos mejorar en el mundo. Cristo vino para volver a dirigir nuestra mirada hacia Dios en el cielo y apartarla de los dioses hechos por el hombre: el dinero, la envidia, el poder, la falta de fe. Algo no debe cambiar: los buenos recuerdos, el amor, la fe en el Señor resucitado.

Si hoy planea hacer algo mejor, observe atentamente qué es lo que quiere realizar y pregúntese: "¿Es realmente necesario?" Tal vez podamos encontrar deleite en celebrar las cosas tal como son, en vez de tratar de convertirlas en algo que no deben ser.

Amar al prójimo

Pero un samaritano que viajaba por allí, al pasar junto a él
lo vio y se conmovió. Entonces se acercó y vendó sus heridas.

LUCAS 10:33-34

Estaba solo en casa con los chicos: David, de cinco años, Karen de tres años y Michael, bebé. Roe estaba en su trabajo, un puesto de recepcionista dos noches por semana en un consultorio de dentista. Justo antes de cenar, me di cuenta de que Karen tenía mucha fiebre.

"Tal vez debiera llevarla al médico", pensé. Roe estuvo de acuerdo pues la había llamado al trabajo para pedirle su opinión. Después de colgar el receptor, salí de la cocina y encontré a Karen acostada en el sofá del living. Estaba de cara al techo, y le salía espuma por la boca. Tenía los ojos en blanco. Yacía quieta e inconsciente. Creí que se moría.

No sabía qué hacer. Michael todavía no caminaba. David estaba perplejo. Yo lo único que quería era salir corriendo a la calle y pedir ayuda. Gritaba: "¡Karen, Karen, Karen!", y no me respondía.

El teléfono. Llamé a la policía, una ambulancia.

Atravesé corriendo el comedor, el living, con Karen en brazos, repitiendo su nombre una y otra vez, pero no obtenía ninguna respuesta.

Un minuto más tarde, volví a llamar a la policía. "¡Por favor, dense prisa!" No había puesto otra vez el receptor en su lugar, cuando sonó el timbre. Luces rojas y azules iluminaban todo el vecindario. Respondí rápidamente a los golpes en la puerta y allí, de pie, me encontré con el policía más alto, el gigante más ancho que he visto en mi vida. Podía oler el cuero de su campera. Tenía los zapatos lustrosos. Sentí deseos de abrazarlo.

160

—¡No sé qué le pasa a mi hija! ¡No me contesta!

—Tiene un ataque —dijo el policía con tono sereno y confiado—. ¿Está enferma?

—¡Tiene fiebre! Eso lo sé. Estaba a punto de llamar al médico.

El policía entró tranquilamente en la casa.

—Llevémosla arriba y haga correr un poco de agua fría en la bañera. Tenemos que bajarle un poco la fiebre.

Señalé la escalera. El hombre subió, entró en el baño y abrió la canilla. No me di cuenta de que tres o cuatro vecinos habían entrado también y se ocupaban de David y Michael. No era consciente de que la ambulancia venía en camino. Lo único que sabía era que un extraño me había quitado a mi hija de los brazos y suavemente la ponía en la bañera con agua tibia.

Me arrodillé en el piso a la izquierda del policía. Él también estaba arrodillado e inclinado sobre la pared de la bañera, levantando agua con las manos y vertiéndola despacito sobre la espalda caliente de Karen. Tenía la pistola enganchada al cinturón. Su placa de identificación raspaba contra la porcelana. Mientras atendía a Karen, se volvió hacia mí y susurró:

—Yo también tengo una hija de tres años.

Karen empezó a responder. La sequé con una toalla que arrojé al piso y la envolví en una manta de lana. Luego la conduje hasta abajo. Los vecinos me dijeron que se ocuparían de los varones. Llegó la ambulancia y estacionó justo frente a la puerta. Al fondo se oían radios funcionando.

Después de envolver nuevamente a Karen en la manta, después de subir a la ambulancia por la ancha puerta trasera, después de sentarme y apretar a Karen contra mi pecho, lloré y lloré.

El médico de la guardia dijo que Karen había tenido un ataque de fiebre, a los que son propensos algunos chicos, y sugirió una consulta con el médico de la familia. La temperatura le bajó. Karen estaba bien.

En la obra de Tennessee Williams *El zoo de cristal*, Amanda, la madre, le dice al hijo: "Debemos hacer todo lo posible por desarrollarnos. En estos tiempos duros que vivimos, sólo podemos aferrarnos unos a otros".

Esa misma noche, cuando mi hija ya estaba a salvo en la cama, pasé por el baño y noté que nuestro policía había desagotado la bañera y doblado las toallas.

Ese policía, mi policía, no tenía por qué ser tan amable, tan solícito, tan cariñoso, pero, como el buen samaritano, interrumpió su rutina y sintió compasión por mi hija y por mí.

Jesús contó la historia del samaritano porque quería dar un ejemplo del tipo de personas que serán recompensadas con la paz eterna en el cielo: los que aman a su prójimo sin esperar recompensa.

¿Por qué no envía hoy varios dólares en una tarjeta de la amistad a alguien que sepa que necesita el dinero? Pero no firme la carta. Será como dinero en su bolsillo. O bien ofrezca sus servicio como voluntario en el hospital local una vez por semana. Será su mejor cobertura médica. Brinde parte de usted mismo en nombre de la compasión, en nombre del Señor, y será recompensado.

Cuando los planes salen bien

Por falta de deliberación fracasan los planes, pero con muchos consejeros se llevan a cabo.

PROVERBIOS 15:22

Quería llevar a los chicos al circo. Es más, había planeado llevarlos al circo más grande del mundo en una de las ciudades más grandes del mundo: Nueva York.

Compré las entradas sin darme cuenta de que eran para el mismo día en que Roe pensaba llevar a los chicos al oculista, o sea que tuvo que cambiar el turno.

Esa noche, después de haber comprado los asientos en las primeras filas, entré en casa agitando las entradas por sobre mi cabeza.

—¡El circo! ¡Vamos al circo! —anuncié.

—Yo no quiero ir —declaró mi hija despacito.

—¿Por qué no? —pregunté.

—¿Te acuerdas de la última vez? Me da miedo el hombre de los zancos.

—Yo no voy —declaró mi hijo mayor— si tengo que oírla quejarse todo el tiempo.

Michael, el más chico, miró para arriba y preguntó:

—¿Qué es un circo?

Tres semanas más tarde, iba en el auto camino a Nueva York con dos chicos que tenían un poquito de fiebre, una hija decidida a no abrir los ojos en ningún momento, y Roe que me decía con sorna:

—Tal vez nos habría ido mejor yendo al oculista.

¿Alguna vez se vio usted en una situación difícil por no haber hecho un plan? ¿Alguna vez quiere hacer algo simple·

163

mente porque quiere hacerlo sin preguntarle a los demás qué piensan?

Necesitamos consejo. Necesitamos explicar nuestras ideas a los demás antes de que sean explicadas al mundo. Cristo eligió a Sus apóstoles para que escucharan Sus ideas acerca de cómo debía ser el mundo. Bueno, los doce escucharon, le hicieron preguntas al Señor y luego, despacito, comprendieron lo que Cristo decía. Creo que el plan de Cristo tuvo éxito porque Él buscó consejo no sólo de Sus apóstoles sino también de Dios.

Si planea hacer algo hoy, pregúntese: "¿Consulté a los que están involucrados? ¿Incluí a los demás en mi plan?".

¿Y sus planes eternos? ¿Compartió sus ideas con Dios hoy? ¿Buscó Su consejo?

¿Hay alguien en casa?

Dijo después el Señor Dios: "No conviene que el hombre esté solo".

GÉNESIS 2:18

Después de una larga jornada en el trabajo, me sentí contento de salir del edificio. El auto estaba frío. Saqué del parabrisas la nieve recién caída. Estaba oscuro y yo, cansado.

Mientras iba por las calles, miraba por la ventanilla y pensaba en las otras personas que se dirigían a sus casas de noche, con ese mismo frío. ¿Se sentirían los demás tan cansados como yo? ¿Estarían los demás mirándome por la ventana de sus autos, preguntándose cómo me sentía?

Atravesé la calle más importante de mi localidad, giré a la izquierda, pasé con luz amarilla, hice otro giro a la izquierda y entré en mi casa.

Tomé el portafolios del asiento trasero y me arrastré escaleras arriba. La puerta estaba cerrada. Revolví en mi bolsillo, saqué mi juego de llaves, inserté la llave gris en la cerradura, la hice girar y entré.

—¡Hola todos, estoy en casa! —El viento golpeó la puerta con tejido de alambre contra la balaustrada. Cerré las dos puertas.

—¡Hola! —grité una vez más. Mittens, la gata, vino corriendo desde el living y se frotó contra mis piernas. La hice a un lado. Me llenaba de pelos anaranjados el traje nuevo.

—¿Hay alguien en casa? —grité, en el preciso instante, en que al entrar en la cocina encontraba una nota de Roe en la que me explicaba que iba al shopping con los chicos y cenarían allí.

Abrí la heladera y busqué algo para cenar: una pata de pollo fría, fideos y una ensalada.

La casa estaba silenciosa. Los cuartos vacíos. Mittens volvió a frotarse contra mí y ya estaba a punto de apartarla para proteger mi traje, cuando empezó a ronronear, entonces me agaché, la alcé y empecé a hacerle mimos debajo del mentón. Corté un pedazo de pollo y se lo di. Si hubiera podido, Mittens habría dicho: "Gracias". Se frotó contra mi chaqueta, saltó de mi falda y comió el pollo con un deleite evidente.

Al cabo de mi noche solitaria, Roe y los chicos por fin regresaron. La puerta de atrás se abrió como un globo al estallar:

—¡Papá, llegamos! —gritó Michael.

—Mira mi vestido nuevo —dijo Karen, agitando una bolsa por encima de su cabeza.

David, mi hijo mayor, puso los ojos en blanco.

Cuando entró Roe, me besó y dijo:

—Chris, tienes el traje hecho un desastre. Está lleno de pelos de Mitten.

—Ya lo sé —dije—. Es bueno en cierto modo. Demuestra que anda por acá. Te extrañé.

—Ven a ver el vestido de Karen —me respondió, y me llevó de la mano al living ahora poblado y lleno de ruido. Mittens gritó para que la dejaran salir. Ya había cumplido con su trabajo.

¿Se imagina lo solo que estaba Adán sin nadie que le hiciera compañía? Todos estamos solos en cierto modo. Algunos viven solos y otros pueden estar en un lugar lleno de gente y no obstante sentirse solos. Pero si gritamos y decimos: "Estoy solo", alguien escuchará, sobre todo Dios.

Dígale hoy a un amigo, a su marido o su mujer, dígales a sus hijos que necesita su compañía y ellos vendrán a usted como el Señor viene cada vez que usted se lo pide.

Proteger lo pequeño en el vasto Reino de Dios

Pero interroga a las bestias, y te instruirán, a los pájaros del cielo, y te informarán, a los reptiles de la tierra, y te enseñarán, a los peces del mar, y te explicarán. ¿Quién de ellos no sabe que todo esto lo hizo la mano del Señor?

JOB 12:7-9

Tenía diez años y era demasiado joven para comprender el significado de las metas y la perseverancia. Una noche, justo después de apagar la luz, mientras apoyaba la cabeza contra la almohada, me pareció oír un ruido, un sonido distante, un sonido de animal, como un arañazo y luego un pequeño grito. Después me dormí.

A la mañana siguiente, mientras me ponía las medias oí otra vez un ligero arañazo y un leve grito. Indudablemente, había algo. Miré debajo de la cama. Tierra y revistas de historietas. Miré por la ventana. El arce. La glicina.

Nuevamente, un ligero arañazo.

En ese entonces, mi habitación estaba en el tercer piso, junto al altillo. Caminé hasta la puerta del altillo y agucé el oído. Sí, un arañazo. Apreté la oreja contra la puerta. Sí, un pequeño grito. El interruptor de la luz estaba debajo de mi dedo. Abrí la puerta. Baúles, abrigos viejos, un armario. Silencio.

Cuando estaba por volver a mi cuarto, oí, con más claridad, el mismo ruido como un arañazo y el grito, un sonido chirriante.

El cielo raso del altillo tenía la forma del techo: en punta e inclinado hacia la puerta. Caminé hacia la derecha, choqué con la pila de revistas de National Geographic y pasé al lado de una vieja bañera. El piso terminaba en el borde del techo. Encontré en éste un agujero grande y una gran pila de pasto y ramas: un nido abandonado. Más allá del nido estaba el agujero negro, la parte superior del espacio de la pared que bajaba hasta el primer piso.

Arañazos. Gritos. Un nido vacío. ¿Tal vez? Corrí a mi cuarto, tomé una linterna y un espejo de mano de mi caja de tesoros, y volví volando al agujero. Como el techo formaba ángulo muy cerca del piso, tuve que acostarme boca arriba, sostener el espejo sobre mi cabeza y apuntar el haz de luz de la linterna hacia la pared. Allí, en el reflejo del espejo, en el espacio entre la viga y la pared, vi un pájaro, un pichón: un estornino.

¿Cuántos días llevaría en la pared? Rápidamente me incorporé e inspeccioné el altillo. Encontré un canastito de paja. Lo rompí en los costados, con lo cual creé lo que buscaba: una pequeña plataforma chata con un asa. Después até una soga al asa. Volví a acostarme boca arriba, ajusté el espejo y apunté la luz hacia la viga para no tener que sostenerla. A continuación, bajé despacito mi plataforma con la soga. Muy lentamente, balanceándose, el canasto roto se acercaba al pájaro.

En la habitación hacía calor. Me di cuenta de que estaba debajo de una telaraña. Nadie sabía que en el altillo había un niño tratando de rescatar a un estornino. Logré bajar el canasto a pocos centímetros del pájaro. Luego seguí bajándolo más aún, hasta que la plataforma quedó justo frente al animalito. Pasó entonces lo que yo esperaba que pasara. Como no tenía ningún espacio para escapar, el pájaro empezó a agitarse, moverse y ajustar su posición cuando el canasto lo presionó hasta que la plataforma quedó chata en la base de la vara y, al no tener ningún otro lugar donde posarse, no pudo más que subirse a la plataforma.

Muy lentamente, empecé a tirar el pajarito hacia arriba. Muy lentamente hasta que estiré el brazo por el agujero y lo tomé con la mano. Ningún mago podría sentir el asombro que sentí yo al sacar el pájaro de la oscuridad y traerlo a la luz. Aleteó y pateó y aleteó un poco más. Era demasiado chiquito para volar pero lo bastante grande como para ser alimentado con trocitos de carne y agua que aceptó con entusiasmo.

Mis padres se sintieron orgullosos de mí cuando les conté lo que había hecho. Mis hermanos no me creían y pensaban que había sacado el pájaro del nido.

Dos meses más tarde, abrí la ventana de mi cuarto. El estornino, rechoncho, lleno de plumas y energía, se posó en mi dedo extendido. Saqué mi mano de la ventana. El pájaro se aferró con fuerza. Sacudí un poco la mano. El pájaro se tambaleó, aleteó vigorosamente, cayó hacia adelante, extendió las alas, levantó vuelo y se posó en el arce.

Puse los codos en el alféizar. Luego apoyé el mentón sobre los brazos y contemplé a mi estornino. Movía la cabeza para adelante y para atrás y se frotaba el pico contra una rama.

Estaba contento con lo que había hecho.

Si, como dice la Biblia, "Él tiene en su mano la vida de todo viviente y el espíritu de todo ser humano" (Job 12:10), resulta lógico que una persona se ocupe de un pájaro herido.

Ésta podría parecer una sugerencia extraña, pero vea hoy si puede encontrar un animalito que necesite su ayuda: una mosca atrapada en la oficina, un gusano perdido en la vereda, una mariquita adherida a la ventana de su cocina. Capture la mosca y libérela. Lleve al gusano otra vez a la tierra. Abra la ventana de la cocina y sacuda la mariquita para que se vaya al patio. Si prestamos atención a estas pequeñas criaturas, conoceremos un poco mejor al Creador. Ellas pueden hablarnos, contarnos, enseñarnos que, realmente, el Señor ha hecho esto.

Cuanto más lentas las palabras, más lento el enojo

El hombre iracundo provoca altercados, el que tarda en enojarse aplaca las disputas.

PROVERBIOS 15:18

Una calurosa mañana, me encontraba sentado en la galería leyendo el diario cuando oí un ruido fuerte, irritante parecido a un zumbido. Di vuelta la hoja del diario, esperando que el ruido cesara al cabo de un momento.

Cuando terminé la última página del diario, el ruido irritante todavía seguía alterando la paz del vecindario.

Me levanté del sillón y caminé hasta la esquina de casa. El ruido aumentó su volumen. Miré a la izquierda. Nada. Miré a la derecha. Nada. Miré para arriba y ahí estaba: un ventilador, un ventilador en el altillo de la casa de mi vecina, zumbando, haciendo ruido metálico, un estruendo terrible parecido al de la ciudad.

Mi vecino había instalado el ventilador el día anterior. Me enojé. "¿Cómo es posible que alguien altere la paz con semejante máquina? —me preguntaba—. ¿Y no podría haberlo instalado del otro lado de la casa?"

Varios días, anduve dando vueltas por la casa quejándome a mi mujer por el ruido, por el ventilador, por esa molestia inoportuna e irritante.

Al final, después de una semana, estaba harto. Fui hasta la casa de mi vecino y toqué el timbre. Tenía mi defensa preparada. Mi enojo estaba bajo control. Le pediría que desconectara el ventilador.

—Hola, Chris —me saludó calurosamente mi vecino—. Ven, pasa.

—¿Qué tal, Jerry? —dije, mientras nos dábamos la mano.

—Bueno, mejor —repuso—. Tuvimos un susto grande estas últimas semanas. Anna [la hija de Jerry] empezó con un problema respiratorio grave. El doctor sugirió aire fresco, no aire acondicionado, por la noche, por eso instalé el ventilador. Por suerte, ya ha vuelto a dormir de noche y está bien otra vez.

Jerry me miró. Yo lo miré y entonces él me preguntó: —¿Qué novedades tienes?

—Bueno —dije—, quería saber si podrías prestarme tus tijeras de podar.

Cuando volví a casa, podé el cerco, barrí la vereda, fui a la ciudad, compré el diario y me senté a mi escritorio el resto de la tarde.

A partir de entonces, el ventilador ruidoso nunca volvió a molestarme.

"Tened bien presente, hermanos muy queridos, que debemos estar dispuestos a escuchar y ser lentos para hablar y para enojarnos. La ira del hombre nunca realiza la justicia de Dios" (Santiago 1:1920)

Si está enojado con alguien, trate de pensar cuál es la causa de su enojo. Y trate de descubrir por qué lo que hace esa persona lo hace enojar tanto.

Si la energía que gasta en enojarse la usa para trabajar en pro de la paz, habrá paz.

Gracias por todo

Te doy un corazón sabio y prudente.
1 REYES 3:12

Una mañana de otoño mi madre me llamó para que fuera a su cuarto de costura. Yo era un niño lleno de energía y modales rudos: en ese entonces, me gustaba perseguir a mis hermanas con bolas de barro.

—Christopher, acabo de tejerte este suéter. Pruébatelo.

Recuerdo que tenía puesta una camisa a cuadros. El suéter era rojo y gris, sin mangas, abotonado adelante.

Mientras mi madre me ponía el suéter, yo miré por encima de su hombro e hice una mueca graciosa en el espejo que había detrás de ella. Cuando era chico, mis hermanas me llamaban "Dopey" porque tenía las orejas grandes. Mis orejas sobresalían, sobre todo con el corte de pelo que se usaba a fines de la década del 50. Mi niñera decía que tenía las orejas grandes por lo mucho que tiraba de ellas mi hermano mayor.

Yo no era de los que me iba a tomar muy en serio lo de las orejas grandes. (En secreto, me imaginaba que si lograba hacerlas aletear con suficiente fuerza, podría llegar a volar como Dumbo.)

—Bien —dijo mi madre ajustándome el suéter—. Mírate.

Me paré frente al espejo y parecía realmente Dopey con un suéter enorme. Me quedaba horrible, pero, como lo había hecho mi madre, me encantó.

Esa misma tarde, cuando estaba en el patio saltando sobre la pila de hojas que mi padre recogía, noté algo. Los botones de mi suéter tenían caras. Cada botón tenía dos ojos, una nariz y una sonrisa.

Corrí a la cocina y le mostré a mi madre los maravillosos botones. Me abrazó. Yo me preguntaba por qué.

Como es de suponer, ahora entiendo por qué una madre abraza a un hijo que disfruta con algo que ella hizo. Sé con certeza que mi madre me enseñó a ser agradecido por lo que tengo.

¿Usted agradece todas las bendiciones que recibe? Hoy, anímese, "recitad salmos, himnos y cantos espirituales, cantando y celebrando al Señor de todo corazón" (Efesios 5:19—20). Tal vez, como gesto de gratitud, podría hacerle un regalo a alguien a quien ame y agregar un secreto extra, como botones con sonrisas.

Era muy bueno

Por eso el hombre deja a su padre y a su madre y se une a su mujer, y los dos llegan a ser una sola carne.

GÉNESIS 2:24

Cuando iba caminando hacia la ciudad para comprar el diario del sábado, encontré una alianza de matrimonio al borde de la calle. Roe y los chicos dormían aún. Yo estaba despierto y ansioso. Acababa de empezar la primavera. La tierra tenía un olor rico y húmedo. Las flores estaban en pimpollo.

Hay quietud en una mañana de primavera. El cielo guarda un azul suave. El sol empieza a desarrollar la plenitud de su fuerza.

En esos momentos, me gusta el silencio. Me gusta la sensación de soledad. Ni el hombre ni la mujer viven sin soledad. Aun entre los seres que amamos, descubrimos que existe un lugar en el corazón que no está colmado. Tal vez sea esta sensación de vacío la que impulse a alguien a escribir un libro o cantar una canción. Todos los días, hacemos intentos por llenar los lugares vacíos de nuestro corazón.

Cuando me faltaba la mitad del camino para llegar al puesto de diarios, vi algo que brillaba en la tierra. Me agaché y recogí un anillo de oro, una alianza.

Puedo imaginarme lo que siente un arqueólogo al descubrir una vasija, un aro o una herramienta antiguos en lo profundo de una caverna destinada al ritual. Puedo imaginarme al científico tratando de descubrir qué significan esos objetos, quién era su dueño, cuál era su propósito.

El anillo que encontré pertenecía a una mujer. Era delgado y pequeño. Tenía grabados dos nombres: Harry y Eve.

¿Eve arrojó el anillo del auto de Harry? ¿Harry hizo enojar a Eve? ¿Eve aceptó el fracaso de la relación? ¿Acaso fue Harry el que arrojó el anillo por la ventanilla? ¿Fue Eve la que hizo enojar a Harry? ¿Harry aceptó el fracaso de la relación?

Hice rodar el anillo varias veces en mi palma, después me lo puse en el bolsillo y seguí mi camino.

Cuando llegué al puesto de diarios, me había olvidado del anillo. Saqué el diario de la pila, pagué y salí del kiosco.

Mientras echaba un vistazo rápido a los títulos, oí un grito desde el lago no demasiado lejano. En medio del agua, vi dos puntitos negros. Me acerqué al lago cuando volví a oír el extraño grito; entonces, uno de los puntos negros se transformó en un par de alas agitándose sobre la superficie del agua.

¡Somorgujos! ¡Dos somorgujos!

Me puse el diario bajo el brazo, caminé hasta el borde del agua y me senté en un banco. Miré cómo nadaban los dos pájaros. Por momentos desaparecían bajo el agua y unos instantes después reaparecían. Nuevamente, uno de los pájaros emitió un grito fuerte. ¿Era un grito de amor? ¿Un grito de enojo? ¿Un grito dando la bienvenida a la primavera? Formé un embudo con las manos alrededor de mi boca y grité: "¡Hola, Harry, hola Eve!" Los somorgujos no me prestaron atención.

Cuando volví de mi caminata, Roe estaba abajo en la cocina. Los chicos seguían durmiendo.

—¿Qué hay de nuevo? —me preguntó como suele hacer cuando vuelvo a casa con el diario. Me acerqué, le di un beso y dije:

—No mucho. Sólo un par de somorgujos despertándose juntos en el lago.

Qué triste pensar que dos personas perdieron un anillo, que tal vez dos personas perdieron el amor que se tenían.

El amor une. Es lo que Dios quiere para nosotros. Dejamos nuestra infancia y nuestros padres para poder iniciar un nuevo viaje, con una mujer o un marido. Vivimos con la soledad, pero "Dios creó al hombre a su imagen; lo creó a imagen de Dios, los creó varón y mujer" (Génesis 1:27). Hallamos solaz en el abrazo de los seres que amamos. Dios nos hizo. Él entendió nuestra necesidad de amor. Nos creó por amor. "Dios miró todo lo que había hecho y vio que era muy bueno" (Génesis 1:31).

Envié el anillo a la comisaría, pensando que tal vez alguien podía presentarse a buscarlo. No se presentó nadie.

Un policía pasó por casa una tarde y devolvió el anillo.

—Triste, ¿no? —comentó—. Alguien que pierde su anillo de casamiento.

—Sí —asentí, mientras oía a los chicos adentro jugando con el perro y a Roe hablando por teléfono con su amiga linda.

Al final, siempre volvemos a los seres que amamos. Esta noche abrace a su mujer o su marido. Llame a su padre o su madre y deséele que duerma bien. Y, al final, siempre está Dios. Nunca estamos solos. Y eso es muy bueno.

Ha nacido un niño

Vayamos a Belén.
Lucas 2:15

En diciembre, cuando yo era chico, la congregación de la iglesia presbiteriana cerca de casa armaba un pesebre, esparcía paja de verdad en el piso y disponía, en la nueva construcción, figuras tamaño natural de la Sagrada Familia, dos corderos, un burro, pastores y tres reyes. Parte de nuestra tradición familiar consistía en ir a visitar el pesebre cuando se acercaba Navidad.

Cuando tenía nueve años, a principios de un mes de diciembre, mi padre anunció que iríamos a saludar al niño Jesús. Esta visita era única, pues íbamos caminando a la iglesia después del atardecer. Antes, siempre habíamos ido en auto hasta el pesebre porque hacía mucho frío para caminar y siempre había algún bebé en la familia que nos impedía buscar demasiada aventura. Cuando yo tenía nueve años, el bebé (mi hermanita menor) tenía cuatro, podía caminar sola y quería llevar la linterna.

—Lleven todos gorro y guantes. Hace mucho frío —nos advirtió mi madre mientras sacaba los abrigos del armario.

Salimos de casa y nos pusimos a seguir a mi hermana de cuatro años en una sola fila por la vereda. Ahora que miro hacia atrás, era como seguir a una estrella, en cierto modo, la estrella de Belén en manos de mi hermanita que nos conducía hasta el Rey recién nacido.

Cuando llegamos al pesebre, mi padre llevaba a mi hermana en brazos y las pilas de la linterna se habían descargado, pero la iglesia había instalado luces suaves que iluminaban la escena expuesta ante nosotros. Mi madre nos recordó que celebramos la Navidad en conmemoración del nacimiento de Cristo. Contó nuevamente la historia de María y José, cómo buscaban una posada vacía. Mientras ella hablaba del pesebre, yo me agaché y toqué la túnica amarilla de uno de los tres reyes. Para mi gran sorpresa, un pedacito de tela se rompió y cayó en mi mano. No sabía qué hacer. No quería decírselo a mis padres por temor de que se enojaran porque había roto la túnica de uno de los tres reyes. No quería tirar el pedazo de tela porque sentía que era un sacrilegio —como tirar la bandera americana al piso—, de modo que guardé rápidamente el pedacito de tela amarilla en mi bolsillo justo cuando mi madre terminaba de hablarnos de los ángeles y la llegada de los tres reyes.

—Es hora de volver a casa —dijo mi padre mientras acomodaba a mi hermana dormida en su hombro.

Esa noche, mis hermanos, mi madre y mi padre y yo caminamos hasta casa en la oscuridad. Al entrar, mi padre encendió una sola lámpara que había en el living, para que llegáramos arriba y a nuestra cama.

Después de cepillarme los dientes, después de ponerme el pijama y después de darles un beso a mis padres, saqué el pedazo de tela amarilla del bolsillo de mis pantalones y lo deslicé debajo de mi almohada.

También tres sabios siguieron una luz hace muchos años. Lo que encontraron al final de su viaje fue un Niño que los llenó de inmensa alegría. Se arrodillaron ante el Niño. Probablemente sonrieron, movieron la cabeza en señal de aprobación, elogiaron a María y José. Estos tres reyes dieron un paso atrás y abrieron los regalos que traían: oro, incienso y mirra. Eso fue lo que mi madre me dijo.

Yo guardé el pedazo de tela amarilla de la túnica del sabio durante muchos años. Tal vez fuera un regalo. Creí, durante un tiempo, que la tela tenía poderes mágicos, como por ejemplo mantener mis manos calientes o iluminar un cuarto a oscuras.

Hoy comprendo el verdadero regalo de los Magos: la fe en la Navidad, la imagen de María y José protegiendo al bebé, mi padre cargando a mi hermana sobre su hombro.

Todos tenemos trozos de la tela del hombre sabio en nuestras manos. Es nuestra responsabilidad usar ese regalo, creer en su poder, ser humildes en la realidad de que algo significativo ocurrió hace algo menos de dos mil años en el pueblito de Belén. Ésa es nuestra fe. Es nuestra salvación.

"Os traigo una buena noticia, una gran alegría para todo el pueblo —dijeron los ángeles a los pastores—. Hoy, en la ciudad de David os ha nacido un Salvador, que es el Mesías, el Señor" (Lucas 2:10—11).

Hoy, y todos los días, disfrute usted de las maravillas simples del Señor. Gloria a Dios en las alturas, y paz en la tierra a los hombres de buena voluntad. Hoy, vayamos a Belén.

Epílogo

"En fin, hermanos míos, todo lo que es verdadero y noble, todo lo que es justo y puro, todo lo que es amable y digno de honra, todo lo que haya de virtuoso y merecedor de alabanza debe ser objeto de vuestros pensamientos. Poned en práctica lo que habéis aprendido y recibido, cuanto habéis oído y visto en mí, y el Dios de la paz estará con vosotros" (Filipenses 4:8-9).